Johann Friedrich Ernst Albrecht

Neue Excorporationen

Johann Friedrich Ernst Albrecht

Neue Excorporationen

ISBN/EAN: 9783742897282

Manufactured in Europe, USA, Canada, Australia, Japa

Cover: Foto ©ninafisch / pixelio.de

Manufactured and distributed by brebook publishing software (www.brebook.com)

Johann Friedrich Ernst Albrecht

Neue Excorporationen

Inhalt.

Vorerinnerung. S. 1

I. Abhandlungen.
   1. Ueber das Glück eines Volkes, unter einem guten Regenten zu leben. 3

II. Wahre Begebenheiten.
   1. Leidens Papiere, herausgegeben von J. M. Frh. A—n. 16
   2. Geschichte eines sonderbaren Mannes, aus den Zeiten Friedrich Wilhelms I. Königs von Preußen. 57

III. Fragmente.
   1. Fragment aus einer Reise nach H**. Kaufmannstor. 44

IV. Miscellaneen.
   1. Welches ist das eigentliche Vaterland der jetzt so allgemein bekannten und so nützlichen Erdäpfel? und wenn und wie sind sie zu uns gekommen? 73
   2. Etwas über ein unter den Menschen beynahe allgemein herrschendes Vorurtheil. 76
   3. Die verbesserten Handwerksgebräuche. Ein nachahmenswürdiges Beyspiel für alle Professionisten. 100

V. Sagen.
   1. St. Magdalena, eine Sage aus dem zehnten Jahrhundert. 88

Neue Exkorporationen.

Erstes Heft.

Vorerinnerung.

Verschiedene Ursachen, welche meinen Lesern zu gleichgültig sind, um sie ihnen vorzulegen, haben mich genöthigt, die Veränderung meiner Zeitschrift sowohl im Format vorzunehmen, als auch von nun an sie heftweise erscheinen zu lassen. Da ich mehr jetztzeitige Dinge hineinverwebe, und andere Mitarbeiter dazu habe, so bin ich nicht im Stande, deren Erscheinung pünktlich zu bestimmen, und der Vorrath an Materialien entscheidet über die spätere oder frühere Darstellung.

Die beiden vorhergehenden Jahrgänge, die so manches enthalten, was ausgezeichneten Beyfall gefunden hat, sind nunmehro als ein Ganzes anzusehen, und bey den Verlegern dieser Zeitschrift unter dem Titel:

Vermischte Abhandlungen, vom Verfasser der dreyerley Wirkungen,

in 4 Bänden um den Preis von 4 Rthlr. zu haben.

Diese neue Zeitschrift behält den vorigen Titel bey, und liefert in jedem Hefte sieben Bogen in ordinär Oktav. Da noch mehrere Wahl, als bisher geschehen, in den Aufsätzen stattfinden soll, so verspricht der Herausgeber sich das Vergnügen und den Beyfall seiner Leser.

I.
Abhandlungen.

1.
Ueber das Glück eines Volkes, unter einem guten Regenten zu leben.

Schön röthet sich der Horizont, wenn am unbewölkten Morgen die wohlthätige Sonne ihren ersten verborgenen Schein über denselben hinwegfließen läßt; schön wärmet der Stral, den sie nach der Kühle der Nacht auf die wartende Pflanze herabspendet; fruchtbringend ist ihr Einfluß auf alles, was sie berührt. So besteiget der gute Regent seinen Thron, wie sie am Firmament hervorgehet, so warten die Völker auf seinen beglückenden Blick; so wohlthuend ist sein Denken und sein Thun über Alle, auf die sein Zepter sich neiget.

In Anbetung stehe ich vor einem solchen Gotte der Erden, vor diesem Ebenbilde des höhern Wesens, welches das Glück seiner Geschöpfe auf tausendfache Weise zu befördern sucht, und dessen größte Wohlthat für eine Nation ist, sich ihm im menschlichen Bilde darzustellen.

Der Mensch, den man für das vollkommenste Geschöpf der Natur hält, ist gerade das unvollkommenste derselben, wenn man die Bildung hinwegnimmt, wenn die Leitung ihm fehlt. Da die Naturtriebe ihn nur lehren, was sie Thieren lehren, so würde er blos Thier seyn, wenn ein Geist nicht seinen Körper bewohnte, der gewiß für mehr als dieses Leben geschaffen, sich in diesem bilden und vervollkommnen soll.

Lassen wir über die Wahrheit dieses Satzes streiten, die da streiten wollen. Wer mit mir gleich denkt, wer in sich die Ueberzeugung seiner Seele, und die Vorgefühle eines andern bessern Lebens empfindet, der wird mir Recht geben, daß der Thiermensch und der denkende zwey zwar vereinigte, aber trennbare und verschiedene Wesen seyn müssen.

Und nach dieſer vorausgeſetzten Hypotheſe ſage ich: Der Denkmenſch verlangt auf jeden Fall Bildung, ohne welche er nicht die Stufen ſeiner Vollkommenheit erreichen kann, zu welchen er auf dieſer Erde beſtimmt iſt. Wenn aber man Bildung bedarf, ſo iſt man abhängig von dieſer Bildung, und alſo iſt Abhängigkeit das von der Natur — beſſer geſagt, das vom Schöpfer beſtimmte Loos des Menſchen, beſtimmt um ſein Werden zur Wirklichkeit zu bringen — beſtimmt, um ſeine Schwäche zur Stärke zu reifen, beſtimmt, um ihn vorzubereiten auf größere, beſſere, ſchönere Ausſichten der Zukunft.

Dieſes Loos der Abhängigkeit ſetzte zuerſt die Verhältniſſe zwiſchen dem Befehlen und Gehorchen beym Menſchen feſt, und es iſt allerdings eine unwiderſprechliche Wahrheit, daß, von allen übrigen Beſtimmungen und Anordnungen getrennt, die Jugend dem Alter, die Thorheit der Weisheit gehorchen und folgen muß, wenn etwas Gutes aus dem ganzen Allgemeinen, was alle Menſchen, oder im Einzelnen ein Theil derselben zusammengesetzt ausmachen, entstehen soll.

Daß die Jugend dem Alter gehorchen und folgen muß, ist das Gesetz der Natur. Da das Kind, zur Welt gebracht, Wartung bedarf, wo soll es diese hernehmen, als von denen, die sie schon haben? Von ihrem Willen, und ihren Wünschen sie ihm zu geben, hängt sein künftiges Glück und Unglück ab.

Diese Verhältnisse im kleinsten gesellschaftlichen Leben des Menschen, dehnen sich auf die vergrößerten mit aus, und man kann es dreist eine Thorheit nennen, zu behaupten, daß ohne Unterordnung im menschlichen Leben sich der Bewohner dieser Erde erhalten könne. Die ersten beiden angeführten Säße der Jugend und des Alters, der Weisheit und der Thorheit lassen sich auf alles, was bis jetzt in der menschlichen Gesellschaft sich verändert hat, anwenden, und könnten sehr füglich das Glück und die Wohlfahrt aller Staaten und aller Individuen befördern. Freylich müßten sie oft mit einander vermischten, und je nachdem sie nicht zusammenpaßten, von einander getrennt werden.

Denn nicht immer haben Jahre Tugend, sondern die Thorheit ist nur zu oft ihre Begleitung. Aber deswegen ist auch dieser Doppelsatz angenommen, und wo Erfahrung der Jahre nicht von Weisheit begleitet ist, da kann sie nicht zum Muster dienen, so wie im Gegentheil Weisheit im Gewande der Jugend leitend, befördernd und beglückend für das Menschengeschlecht seyn kann.

Und wenn jeder Bewohner unsers Erdballs geneigt wäre, dem Weisen und Erfahrnen zu folgen, so bedürften wir keiner Regeln noch Gesetze. Jeder wäre durch sich selbst glücklich, und jeder würde es erkennen, daß er von einem andern beléhrt und verbessert werden könnte.

Dennoch würde bey aller dieser glückseligen Lage des Menschen, es nicht von ihm getrennt seyn, daß er abhängig wäre; um so weniger aber kann er jetzt unabhängig seyn, da diese Uebereinstimmung der Denkart nicht ist, da keiner sein und seines Nebenmenschen Vollkommenheit oder Unvollkommenheit wahr beurtheilt, sondern alles nach Hypothesen und vorgefaßten Meynungen schließt, welche sich nicht vom Allgemeinen annehmen, noch ins Allgemeine bringen lassen können.

Denn aus der Ueberzeugung eines jeden, er urtheile richtig von sich und von Andern, folgt es, daß er nach diesen Urtheilen handelt, und so entstehen aus falschen Urtheilen falsche Handlungen. Leidenschaften mengen sich mit ins Spiel, und nach Leidenschaften werden die Meynungen ausgeführt, je nachdem die Stärke oder Schwäche eines Menschen es ihm verstattet, sie auszuführen, oder nicht auszuführen.

So wurde das Recht des Stärkern, und da dieses der Misbräuche zu viel hatte, so machten mehrere Schwache Verbindungen, um die Macht des Stärkern gemeinschaftlich zu verdrängen, und es zu bewerkstelligen, daß er sich ihrer Glückseligkeit nicht mehr in den Weg stellete.

Wie diese Bündnisse ferner zu ganzen Volks-Versammlungen, zu Vereinigungen ganzer Distrikte, zu Nationen sich umformten, wie so verschiedene Regierungsarten unter den Menschen ihren Ursprung daraus nahmen, würde zu weitläufig für den Leser werden, und ist dem Zwecke nicht angemessen, den unsre Abhandlung zum Schilde hat. Das Glück eines Volkes, welches unter einem guten Regenten lebt, soll beweisen, daß eine vernünftig und zweckmäßig eingerichtete Monarchie für unsere Verhältnisse, für die Denkensart der Menschen, für die Bestimmung selbst, die beste Regierungsart ist, seitdem es ausgemacht ist, daß der Mensch in keinem Zustande der Vollkommenheit durch sich selbst und durch seine Verhältnisse gegen den Nebenmenschen seyn kann, seitdem niemand läugnen kann, daß, wenn auch die Natur ihn in einige Möglichkeit setzte, unabhängig zu seyn, er sich doch dieser Möglichkeit so sehr beraubt hat, daß sie zur Unmöglichkeit geworden ist.

Selbst die eifrigsten Verehrer anderer Regierungsformen, die ihre Vorliebe für dieselben auf Fehler der Monarchie gründen, werden mir zugeben müssen, daß, wenn die möglichste Vermeidung der Fehler stattfände, wenn sie gehoben würden, wo sie gehoben werden könnten, dann die Monarchie im fehlerfreysten Lichte erscheinen würde, indessen Makel auf Makel an den ihrigen kleben bleiben, und nur Glanz da seyn könnte, wo jene verdunkelt wird, oder sich selbst verdunkelt.

Ich will mein Bild dahin stellen, und wir wollen sehen, wie es selbst denen gefällt, die am eifrigsten dagegen eingenommen sind.

Ich betrete ein Land, welches mir im ersten Augenblicke das lachendste Bild des Paradieses giebt. Seine Felder sind bebaut, und schwellen vom Reichthum, den der Bau des Erdreichs aus dem Schoose desselben zu locken wußte. Seiner Wiesen Gras bedecket zur Hälfte das fette schöne Vieh, welches sie nähren. Die Hirten dieses Viehes sitzen fröhlich neben ihren Heerden, und singen mit heiterm Gesichte und lachendem Tone Lieder in den Gesang der Vögel, der sie begleitet. Gärten zeigen in werdenden Früchten, daß hier arbeitsame Hände nicht unbelohnt sich beschäftigen. Reinliche Wälder beweisen, daß der nutzsuchende Einwohner sie in der schönsten Ordnung erhält, und nichts verderben läßt, was ihm und seinem Nebenmenschen von der Natur geschenkt war, um Vortheil daraus zu ziehen.

Schon der entfernte Anblick der Dörfer nimmt mich für die Bewohner derselben ein, ich sehe in ihrem Aeußern nichts, was Armsäligkeit verrathen könnte. Sogar dieses Aeußerliche hat die Liebe und Lust der Bewohner, so gut es ihre Umstände erlaubten, auszuschmücken gesucht. Der eine Landmann gab den Balken seines Hauses eine Farbe. Der Andere weißete das Ganze desselben, der Dritte suchte auf dem Dache durch die Ziegeln seinen Namen anzubringen. Sogar auf einem Strohdache hatte ein Vierter den Namenszug seines Regenten so glücklich angebracht, daß jedermann ihn sahe und erkannte, und in der Folge bemerkte ich, daß nicht selten, wenn sie vorübergiengen, die Bauern ihre Hüte abnahmen, und den Namenszug grüßten, als ob sie Ehrfurcht für alles hätten, was ihren Monarchen auch nur bildlich darstellen könnte.

Es war der Tag des Herrn, an welchem ich durch diese Gegend meinen langsamen Schritt nahm, um sie zu bewundern, und ihre ganze Schöne einzunehmen. Deswegen waren die Felder leer, und ich bemerkte nicht den thätigen Fleiß, der alles was ich sahe hervorgebracht hatte. Nur auf den Weiden bemerkte ich singende Hirten, und auf einer Trift ein mäßig erwachsenes Mädchen, welches auf eine Menge Gänse die Hut hatte.

Ich nahete mich dieser ländlichen Schöne, die wirklich in ihrem niedern Stande

Reinlichkeit mit Artigkeit verband. Sie grüßte mich, da ich ihr näher gekommen war, und fragte mich sehr naiv: Was ich denn hier machte?

Ich antwortete ihr, ich wäre ein Fremder, den das Ungefähr hieher geführet. Ich reisete, ohne andern Zweck zu haben, als schöne Gegenden aufzusuchen, und mich mit glücklichen Bewohnern derselben zu erfreuen.

Sie meynte, nur dieß könnte mich in ihren Augen entschuldigen, daß ich nicht an dem Feste Theil nähme, welches heute in ihrer ganzen Gegend gefeiert würde, und sie hätte schon am Morgen darüber geweint, daß ihr Amt ihr nicht erlaubte, es mitzufeiern. Was sie aber nicht öffentlich thun könnte, das thäte sie hier allein, und sie habe auf ihren Knieen zu Gott das Nämliche gebetet, was sie in der Kirche gebetet haben würde.

Ich muß sagen, daß meine Neugierde sich auf den höchsten Grad spannte, wie sie so herzlich, unschuldig und warm dieses vorbrachte, wie ich in ihren Augen eine Thräne sahe, die Dankbarkeit verrieth. Ich mußte sie fragen, welches Fest denn die Gegend feierte?

Verwunderungsvoll sah sie mich lange an, und endlich brach sie in Erstaunen aus, daß ich nicht wüßte, welch ein Fest die Gegend feierte, doch setzte sie hernach hinzu: „Sie sind ja fremd, und vielleicht weit her.‟

„Wir feiern,‟ sagte sie darauf, „das Fest der Wiedergenesung unsers guten Königs. Der liebe Gott hat ihn von einer schweren Krankheit genesen lassen, er hat unser Gebet um ihn erhört, und nun danken wir ihm, daß er das gethan.‟

Welch Gefühl drang in mein Herz, und wie segnete ich den König schon zum Voraus, der so viel Liebe bey den kleinsten — freylich den wichtigsten seiner Unterthanen hatte.

„Und die ganze Gegend,‟ sagt' ich, „hat sich vereinigt, dieses Fest zu feiern?

Alles was lebt, das kleinste Kind war mit in die Kirche genommen, um wenigstens Dank zu lallen, wenn es gleich nicht reden könnte. Diese Scene schilderte mir das Mädchen in ihrem niedern Tone so wahr, so treffend, daß ich gleichsam das Drängen zur Kirche sahe, den Eifer vor Augen und im Herzt hatte, mit dem der warme Dank dieser Versammlung die Lüfte durchschnitt, um zum Ohre des Allerhöchsten zu gelangen.

Die natürlichste Frage war wohl die: „Ob denn ihr König so gut wäre, daß sie so viel Liebe für ihn hätten?"

Wie floß das Mädchen in Lobeserhebungen über! Freylich nur nach ihren Begriffen, aber nach Begriffen dessen, was sie von ihm gesehen hatte.

(Die Fortsetzung folgt.)

II.
Wahre Begebenheiten.

1.
Leidens Papiere
herausgegeben von J. M. Frh. A—n.

Eine Schale des Harms, eine der Freuden wog
Gott dem Menschengeschlecht; aber der lastende
  Kummer senket die Schale;
   Immer hebet die andere sich.

Hölty.

Dankbar, lieber Eduard, nehme ich von Dir die Glückwünsche an, denn ich weiß, sie kommen aus einem Herze, das keinen Neid kennt, mir willig das Plätzchen ließ, aus dem ich werde wirken können. Wirken, sag' ich, lieber Jene hören, die ihr niederer Stand vom Throne entfernt, die schweigen müssen, weil sie ihr Recht selbst zu sprechen, nicht bezahlen können. Halb zum mindesten seh' ich jetzt
die

:e schönen Träume ausgegangen, die Du oft belachtest, immer Gaukeleyen meines erhitzten Kopfs nanntest. Der Mann, der sich fühlt, der muthig über alles wegschreitet, was ihm im Wege liegt, der alles nimmt wie es kommen mag, hat auch Muth genug, seine gute Sache zu vertheidigen. Aergerlich ist es mir nur, daß gerade solch eine unbedeutende Arbeit mich bekannt machen mußte, eine Arbeit, die mehr dankbares Herz, als Kopf verräth — Verse zu der Geburtsfeyer meines lieben Rotschild. Es war auf seinem Landgut, wohin der Fürst kam, und durch ein Ungefähr meine Verse fand. Gute Laune, und vermuthlich die besondere Gnade der Gräfin O** mögen viel dazu beygetragen haben, daß er wider Vermuthen an mir das fand, was man lange vergebens suchte. Du siehst also, Lieber, daß es mich wenig kostete, um dahin zu gelangen, wohin so mancher redliche Mann und fähige Kopf vergebens ringt. In der entferntesten Dunkelheit liegt oft die Perle des Staates vergraben, indeß elender Flitter im hellsten Lichte mit seinem Schimmer prahlt! — Wahrlich Freund, in denen wenigen Wochen, die ich mich hier umsah, fand ich Menschengesichter hinlänglich, um einen schönen Anhang zu Lavaters Phisiognomik zu schreiben.

Ich habe das Schicksal mit jeder Mode gemein, weil sie durch Neuheit ergözt. Meine Denkart ist so wenig allgemein angenommen, als es die Art mich zu betragen ist, und ich sehe mich leider nachgeahmt, so erbärmlich nachgeahmt, daß ich mich vor mir selbst schäme, wenn es mir beyfällt, daß ich auch so seyn könnte. Ich hoffe aber, die Zeit wird die Bübchen heilen, denn wie ich sehe, muß solch ein Betragen blos Natur seyn, um nicht unbequem zu werden. Einen gewissen Endzweck in ihren Handlungen können sich die Menschen durchaus nicht angewöhnen, und sie handeln größtentheils ohne zu wissen, wie und warum sie so und nicht anders hanteln. Du weißt wie ich denke, folglich wirst Du es keiner geckischen Selbstsucht zuschreiben, wenn ich Dir sage, daß mein Aeußeres so manche unsrer Damen, die Sitz und Stimme vor ihren Männern haben, für mich einnahm; und diese Münze ist bey der Gräfin O** gangbar, ich bin der scharmante, liebe Leiden, und oft wohl auch noch etwas mehr — und wer den Schlüssel zu dieser Maschinerie hat, der muß mit aller Macht steigen. Neugierig dürften Dich meine öftern Erzählungen und der allgemeine Ruf gemacht haben, ein Weib zu kennen, das eine so große Rolle an unserm Hofe spielt. Ich kann Dir vor der Hand nur eine schwache Zeichnung von ihrer Gestalt liefern, das übrige mögen Umstände thun, wenn Umstände bey einer Hofdame zur Auseinandersetzung ihres Charakters etwas thun können. — Sie ist schön, aber keine von jenen allgemeinen Schönheiten, die man mit einemmale genug gesehen, allmählig enthüllen sich ihre Reize dem Blick, und gewähren ein um so daurenderes Vergnügen. Ihr

Auge ein Meisterstück der bildenden Natur, ihr ganzes Wesen unnachahmliche Grazie, Einklang aller ihrer Theile, die reizendsten Formen, an welchen das kritischste Männerauge keinen Tadel findet. Sehr natürlich, daß ihr Umgang für gewisse Menschen das wünschenswertheste Glück ist. Ihr Günstling kann sich alles von ihr versprechen, ihr Freund, wenn sie einen haben kann; denn ihr Mann ist erster Minister, er ist das beneidenswertheste Geschöpf unter der Sonne, sie ist aber ein Weib, die selbst ihre Launen geliebt sieht, die wie alle ihres gleichen Wechsel in jedem Falle zur zweyten Natur machte. Ich bedaure den Armen, der in ihre Gunst aufgenommen wurde, und nicht Kraft genug hat, den nothwendigen Verlust kaltblütig zu ertragen, denn — in dem Falle ist sie furchtbar.

Einen Menschen mußt Du kennen, der werth ist Dein Freund zu seyn, einzig unter dem ganzen Schwarm von Luftmenſchen, gut, und ohne Falſch. Es iſt Adolf, Neffe meines Rotſchild. So viel Natur bey den treflichſten Anlagen, ſo viel Herzensgüte, findet man nur bey ihm. Unabhängig von allen Conventionen, herrſcht er über alle Herzen, ohne ſich im geringſten etwas darauf zu gute zu thun, behauptet aber ſeine ihm eingeräumten Rechte mit Würde. Er hängt an mir wie unzertrennlich, ich bin ſein Alles, und er — Du kennſt mich, Eduard, was ich im Gegentheile einem Menſchen ſeyn kann, wo ichs fühle, daß er nur mich hat, und glücklich iſt. So war es mir, da ich Dich fand, Du drückteſt mich an Deine Bruſt, und warſt mein. Es ſind nur zwey Bedürfniſſe auf dieſer Welt, ein tugendhaftes Weib, und ein Freund wie Du; das Uebrige ſind alles Lüſternheiten, die man ſo leicht entbehren kann.

Wenn ich ſo recht genießen will, geh' ich auf das Landhaus meines Rotſchild, da haſ' ich die Natur in ihrer schönsten Mannigfaltigkeit, und was noch über alles geht — Ruhe an der Seite eines Mannes, der die Welt in all ihren Blößen kennt, und selbe auch mit aufdeckt zu meiner eigenen Sicherheit. "Ruhig," sagt er mir oft, "ruhig, lieber Karl, denn es ist nichts gewöhnlicher, als gerade von jener Seite verbannt zu seyn, von der man sich den größten Vortheil verspricht: Eigenes Interesse, die Begierde sich unentbehrlich zu machen, hat gerade jener am meisten, welcher leider zu sehr durch die Paralelle, in die er sich mit einem Mann Ihres gleichen setzt, von seiner eigenen Nichtsbedeutenheit überzeugt wird. Machen Sie sichs zum unbedingten Gesetz, über gewisse Menschen wegzublicken, und mit dem Gefühl ihres eigenen Werthes zufrieden zu seyn. Theilnahme ist Tugend, ist der schönste Schmuck unsers Herzes — aber vor Herzen ihrer Art, wird sie nicht selten eine Quelle unsäglicher Leiden. Ein wenig mehr kälteres Blut in ihre Adern gegossen, dann, lieber Karl, sollten Sie eine Aernte haben, wie Sie es verdienen. Ja kaltes Blut, Eduard; und ich schleiche dann herum, wie all die Kerls, die nichts aus ihrer Fassung bringen kann, die ihre Leidenschaften nicht weiter als zur Kühle steigen lassen, damit ihr Gesicht sie nicht verrathe.

Vernunft, und ein guter Theil Menschenliebe, sind die Beweggründe zu jener Duldung, die ich mir um so mehr zum Verdienst rechnen darf, jemehr sie Kampf mit mir selbst kosten. Die auszeichnende Gnade des Fürsten zieht mich zu sehr in den Schwarm von Luftmenschen, die sich wirbelnd an einem Orte herumdrehen, und sich dann in ihrem Staube verlieren. Sehr natürlich, daß man nun aufmerksamer auf mich zu werden anfängt, jeden meiner Schritte belauscht, und Zweydeutigkeiten in meinen Handlungen sucht, die sich mit mir unmöglich zusammenreimen lassen. Unsere Männer sind gutherzig genug, jeden wackern Gesellen mit ihren Frauen kurzweilen zu lassen, — aber ein Schritt vorwärts auf ihrer Bahn, wird nach ihrem Maaßstabe gemessen. Hier bekommen sie Theilnahme, und lauschen, und rechnen, daß man glauben sollte, in einem Handelstaate zu wohnen. Ich war nie gewohnt mich mit Geheimnissen zu verschanzen, meine Handlungen blieben die nämlichen, hatt' ich einen Zeugen, oder war ich mir selbst überlassen. Und nun gerade dem entgegengearbeitet; was doch meinem Begriffe nach in der menschlichen Gesellschaft nothwendig ist — Offenherzigkeit, und Freyheit nach seiner bessern Ueberzeugung zu handeln.

Ich danke es dem Leichtsinn unserer Weiber, die in der Wahl ihres Liebhabers eben so veränderlich, als in jener ihres Kopfputzes sind, daß ich einen mächtigen Kummer von meinem Herze wälzte, der mir mehr schlaflose Nächte machte, als die verworrenste Rechtssache. Adolf ist in die Gräfin O** verliebt, und sie liebt ihn sehr natürlich wieder, folglich der arme Leiden abgesetzt, und genießet jetzt das Gnadenbrod ihrer Freundschaft. Wie aber dann, wenn ich ernsthaft geliebt, fragst Du? Lieber Eduard, gewöhne Dich nur an den Gedanken, daß die Schönen unserer Residenzstadt vielfassendere Herzen haben, als unsere engbrüstigen Landmädchen; noch mehr, es herrscht unter ihnen eine Art Ehrgeiz, die Zahl ihrer Anbeter auf die höchstmöglichste Zahl zu bringen, einen jeden fest zu halten, um triumphirend auftreten, und sagen zu können: ich bin — die Schönste. Es gehört unter meine Zerstreuungen, all' die Geschöpfe zu sehen, wie sie sich drängen, wie das kleinste Mädchen troz der ältesten Priesterin der Liebe, zu siegen trachtet, und Hohn auf die welkende Schönheit herablächelt, die neben ihr den Pariser Fächer zertrümmerte und über Magenkrampf klagt. Kann mir unter solchen Umständen nicht bange seyn, vernachläßigt zu werden? Im Gegentheile wette ich jede Gunstbezeugung zu erhalten, auf die mein Adolf kurz zuvor so stol war. Ich gönne ihm das süße, aber gefährliche Vergnügen, denn ich befinde mich als Freund um so besser, je weniger mich der Gedanke beunruhigt, so nahe mit den Großen Unserer Stadt verwandt zu seyn. Ich erhalte eine Art Macht über die schöne Liebende, da ich ganz in die Heimlichkeiten ihres zarten Herzes eingeweiht bin, und diesen Vortheil gebe ich wahrlich nicht um einen Kuß hin, der mich zum Sklaven macht.

Den schönsten Tag meines Lebens will ich mit diesem Briefe an Dich schließen, lieber Eduard, will Dich theilnehmen lassen an meiner Freude, an der Freude unserer Brüder. Segne mit mir die Vorsicht, die mir siegen half über die Kabale, die sich mächtig gegen mich stemmte. Du weißt, daß seit langem schon, das Volk unter der Last ungeheurer Auflagen seufzte, daß der ***Zoll vollends jedes Fünkchen Liebe zu unserm Fürsten erstickte, dem man, leider, nie den wahren Zustand des Landes, immer die schönste Seite desselben wies. Der Aufstand zu **, wo so mancher bluten müssen, bestimmte mich vollends, dem Uebel, es koste was es wolle, zu steuern. Mit der gerechten Sache, und einem blutenden Herze trat ich vor den Fürsten, dem ich auf der Goldwage den Nutzen, welchen er aus dem *** Zoll zöge, mit dem Uebel, das daraus folgen müsse, abwog. Heil dem Manne, der sich zurechtführen läßt, und nicht mit seinem Ansehen die Fehler schützt, oder wohl gar zu Tugenden erhebt, woran Schurken, sein Herz aber keinen Theil hat, denn der Fürst war so gerührt, als ich es nie erwartete. Es soll ihnen geholfen werden, bald geholfen werden. Ich hätte im ganzen Lande seyn, und schreyen mögen: „Brüder, es soll Euch geholfen werden." Der Himmel gebe auch Dir, lieber Eduard, eine so sanfte Nacht auf diese frohe Nachricht, als ich sie zu haben glaube.

Immer näher dem Glanze, dem Gezische niederträchtiger Schmeichler, sehe ich mich bald so eingeschlossen, daß es mir unmöglich seyn wird, dieß Bischen Freyheit zu genießen, die mir der kurze, aber seltene Aufenthalt bey Rotschild gewährt. Ich steige mit jedem Tage höher in der Gunst des Fürsten, verliere aber dabey die wenigen Menschen, die mich froh in ihren kleinen Zirkel aufnahmen, die den Mann nach seinen Verdiensten, nie nach äußerem Flitter maßen; sie treten scheu zurück — und ich bin doch kein Hofmann. Auf einer andern Seite fange ich an Neider zu fürchten, denn ein Volk, welches mit verderbten Sitten die häßlichste Unwissenheit verbindet, das nach Ansehen, Band und Stern geizt, und sein höchstes Gut in einem holden Lächeln unsrer Erdengötter findet; kann dieß ohne Neid eines Menschen Fortkommen sehen? Der Haufe stolzer, eigensinniger Hofschranzen, der sonst mich vorübergieng, mit kaum merkbarem Kopfnicken meinen Gruß erwiederte, bückt sich jetzt viel tiefer vor mir, zieht mich in seine Unterredungen; und gebärdet sich überhaupt so sonderbar, daß ich in der peinlichsten Unruhe bin. Adolf ist die Richtschnur meines Betragens; ohne ihn verstrickte ich mich gewiß in den Fallstricken, die mir ein so trugvolles Geschlecht legt. Sein Ansehen, seine Unabhängigkeit vielmehr, und die Geheimhaltung unserer Vertraulichkeit, macht meine Feinde gegen ihn viel offener; durch ihn lerne ich die Gesinnungen jener kennen, die mir die Hände drücken, mich sogar öffentlich umarmen, und im Grunde nur meine schwache Seite kennen wollen, um mich zu stürzen. Eingestanden, daß ich eines Theils alles zu hoffen habe, was nur ein Mensch von meinen Jahren, meiner Erfahrung erwarten kann; ich habe die Liebe, das Zutrauen meines Fürsten, von der ersten der Weiber werde ich unterstützt, ich sehe meinetwegen so viele zurückgesetzt, die vor kurzem noch so weit über mich hinaus waren. Habe ich aber nicht auch Ursache alles fürchten? Kann ich dem leicht zu ändernden Menschen, ſinn einen Augenblick trauen? — O wer mich beneidet, iſt ein Thor, und doch giebt es deren nur zu viele! Gräfin O** bemerkte heute Abends meinen Tiefſinn, den ich bey aller angethanen Gewalt nicht bergen konnte, ſie fragte mich um deſſen Urſache, und ſetzte meinem hartnäckigen Stillſchweigen eine unwiderſtehliche Ueberredungskraft entgegen, daß ich ihr endlich einen Theil meiner Beſorgniſſe geſtand. „Guter Karl,“ ſagte ſie: „nur einige Jahre noch in dieſer Schule, und Sie werden mit mehr Zuverſicht und weniger Furcht handeln. Man muß aber in die Geheimniſſe der Hofkabalen eingeweiht ſeyn, um die Larve der Verſtellungskunſt Jenen mit gleichen Waffen entreißen zu können, die ſie tragen.“ Mit dieſer Aeußerung verließ ſie mich, um, wie ſie ſagte, allen Argwohn zu vermeiden, den ein ſo vertrauliches Geſpräch erwecken mußte. Durch ſolche entfallene Aeuſſerungen beſtätigt die Gräfin nur zu ſehr die Meynung, welche ich von ihr in dem erſten Augenblicke, da ich ſie ſah, faßte. Sie iſt aber ein Weib, dem wir viel leichter einige Fehler nachsehen, vielleicht nur darum nachsehen können, weil wir Kraft genug haben, sie auf der schwächsten Seite zu fassen, und dadurch für uns einzunehmen. Was aber dann, wenn diese Geschöpfe die Laune haben, das stärkste Werkzeug, die Schmeicheley bey sich wirken zu lassen, wenn ihre Eigenliebe, ihre Eitelkeit von einer andern Seite weit stärker, weit angenehmer genährt wird? — Ja dann, lieber Eduard, sind diese Geschöpfe weit furchtbarer.

———

Wie Du auf den Gedanken kamst, mich verliebt zu glauben? Lachen muß ich über Deine Muthmaßung, über Deine Folgerungen, die Du ich weiß nicht aus welcher Quelle schöpftest. Ich und verliebt! Für mich, guter Eduard, muß die Geliebte erst geboren werden, muß ein Geschöpf einzig in seiner Art seyn. Ueberhaupt bin ich in dem Punkte über die

Liebe schon mit mir einig. Ich baute mir ein System, nach welchem mein Herz sich fügen muß, und dieß verbietet mir vor der Hand schlechterdings die Liebe. Um lieben zu können, müßte ich so ganz unabhängig seyn, alle die Sorgen, so die Erfüllung meiner Pflichten mir aufbürdet, dürften mich nicht so ganz beschäftigen; und überhaupt, lieber Eduard, bangt es mir vor dem Augenblick, wo ich werde sagen müssen: ich — liebe; denn diese Blüthe unsers Lenzes welkt einst sicher an meinem Herze. Ich gönne es allen, welchen es gelingt, ein Weib an ihrer Hand durchs Leben zu führen, die jeden ihrer Tage zu einem Feste macht, denn ein gutes Weib ist ein Himmel auf Erden. Meinem Adolf wünsch' ich weniger Empfänglichkeit für die Reize unserer schönen Gräfin; denn für eine bloße Unterhaltung liebt er zu wahr, zu anhänglich. Ich habe Ursache zu glauben, daß er an dem Kammerjunker G* einen Nebenbuhler hat — Kleinigkeit für den, welcher die Weiber kennt und nichts erwartete. Für
Adol-

Adolfen, fürcht' ich, wird es keine so leicht zu nehmende Sache seyn.

Immer von Freuden umgeben, nie eine Stunde zu haben, in welcher man sich selbst seyn kann, macht auch dann Langeweile, wenn man gleich alles im Wonnemeere schwimmen sieht. Die Geselligkeit so weit getrieben, als man es hier in *** findet, weckt das geheime Sehnen nach Ruhe, weckt den innern Trieb nach Einsamkeit mit ganzer Macht. Dieß fühle ich so lebhaft — vielleicht nur zu deutlich für meine gegenwärtige Lage. Die Menschen (man mag mich immerhin tadeln) sind gewiß nicht dazu geschaffen, eine Puppe, ununterbrochen das Spielwerk eins des andern zu seyn. So sorgfältig man auch Gründe für den innern Trieb des Menschen hervorsucht, der ihn antreibt, seines gleichen zu suchen, und sich mit ihm zu verbinden; so bin ich dennoch bereit, aus meinem Gefühle darzuthun, daß es auch einen Trieb zur Einsamkeit gebe, der uns von den Menschen entfernt, der mitten im Gedränge von Vergnügungen uns zu sich selbst bringt, und oft von manchem Verderben rettet, worein uns die berauschten Sinne zu stürzen drohte. Lieber Eduard! hier in meinem vertraulichen Stübchen wacht die ganze Sehnsucht nach meinem geliebten Landgute wieder auf, die Erinnerung an die frohen Jugendjahre, die ich mit meinem Vater in Derbens schönen Gefilden durchlebte, wie angenehm, aber auch wie traurig ist sie! Eine kleine Unpäßlichkeit, die mehr erdichte als wirklich ist, verschafft mir, wie ich hoffe, Ruhe. Sicher bin ich aber vor lästigen Besuchen kriechender Schmeichler nicht, die diese Gelegenheit mit aller Sorgfalt ergreifen werden, mich durch ihre Gesellschaft für den Abbruch schadlos zu halten, welchen ich an den Ergötzlichkeiten leide. O, wenn ihr wissen könntet, wie gern ich all' eure Bälle und Concerte für eine einzige Stunde hingäbe, die ich auf meinem Gütchen zubringen dürfte! — Nicht einmal äußern darf ich diesen Gedanken, welchen elende Lustigmacher als Misanthropie deuten würden; denn Vergnügungen auf dem Lande, ohne Ball, ohne Gesellschaft, ist ihnen eben so unglaublich, als mir Ehrlichkeit bey einer Hoffschranze.

———————

Wenn ein offenes freyes Wesen, wenn die Sprache des redlichen Mannes Strafe verdient, so erkläre ich mich öffentlich für einen Menschenfeind, und banne jede Liebe aus meiner Brust, die mich irgend noch an einen Gegenstand fest hielt. — Da ward heute ein Unglücklicher zum Kerker verdammt, dem man nichts anders zur Last legt, als ein offenes Bekänntniß verschiedener Schurkenstreiche, die sein Vorgesetzter verübte. Da sieht man klar, wie Ansehen, hohe Geburt und Ehrenstellen mit der Gerechtigkeit spielen, wie neugeadelte Bösewichter, stolz auf ihre Unwürde, den niedern, aber untadelhaftern Mann ihrer Habsucht opfern. Auswüchse eines grosen Stammes, klimmt hinan auf den höchsten Gipfel eurer Glückfäligkeit, trinkt Euch satt an dem süßen Hofgifte, daß wir lachen können über euren Fall, der nothwendig auf allzuhäufigen Genuß folgt, und ihr in einen Abgrund stürzt, den ihr Engbrüstige nie wieder hinanzuklimmen vermöget. Ich gestehe Dir's, Eduard, ich bin in einer Art Raserey — wie schwoll mir aber die Brust, da ich ihn sitzen sah vor Gerichte den Buben S*, wie er mit all dem kalten Hohnlächeln das schändliche Urtheil über sein schuldloses Schlachtopfer fällen hörte, dann hingieng, und die himmelanschreyende Sünde in Tokaier ersäufte. Ich hätte dem Kerl die Hölle zur Tafelmusik hinsetzen mögen, daß ihm jede Nerve in all dem Maaße gestarrt hätte, als sie ihm vor Wollust schwoll. Ich verzeihe keine Sünde weniger als Unmenschlichkeit. — Was kann man aber von einem Menschen erwarten, der mit verschrumpfter Seele dasitzt, und seinesgleichen quält? Wenn die in Richterstühlen oben an sitzen, denen der Name Graf, Baron, Von, den Kopf verrückte, so könnte man ein Land entvölkern. Und solches Unkraut wuchs auf dem Trachfelde unsrer hohen Schule.

Eduard! verkannt zu werden, von Menschen, die man liebt, ist für den gefühlvollen Mann kränkend, und dieß ist mein Loos. Von den Redlichen geflohen, von Schurken gefürchtet, und von Thoren beneidet bin ich — und warum? um nichts; weil die Leute sich einen zu hohen Begriff von mir machen, weil sie mir auf der einen Seite zu viel Werth, auf der andern dessen zu wenig beymessen. Soll ich hingehen, ihnen die Binde von den Augen reißen, mich zeigen wie ich bin? Als ob ich dieß nicht schon gethan hätte! Glauben sie auch, was ich sage? Lassen sie sich auch überzeugen? — Fort von hier — Dieser Gedanke beschleicht mich oft — und ich erschrecke vor ihm, je unvermutheter er kommt. Kann ich denn fort? und im Grunde ist es auch wahr, daß ich es will? Ueber die quälende Ungewißheit, über die verdammte Zweifelsucht, die den Menschen vor sich selbst zum Narren macht!

»Nur einige Wochen noch Aufschub, lieber Leiden,« sagte der Fürst gestern zu mir, als ich ihn an sein armes Volk erinnerte; »und dann um so eifriger daran.« Mir war in diesem Augenblicke, als hörten alle Pulse in mir auf zu schlagen. Ich entfernte mich vieleher als gewöhnlich, denn das Hohnlächeln Aller, die am meisten darunter leiden würden, wenn eine so ergiebige Quelle für ihre Bedürfnisse versiegte, konnte ich nicht ertragen. Aber so wahr mir Gott helfe, ich muß durchbringen — oder alles aufgeben.

―――――

»Der Stand, den Du zu Deinem Fort»kommen wähltest, sey Dir heilig; kein niede»rer Kleinmuth störe Dich in Deinem Wirken; »trage die Ungemächlichkeiten, die Dir auf »jedem Deiner Wege begegnen, mit Resigna»tion, und sey zu stolz, um darüber zu kla»gen.« Vortreflich gesprochen, lieber Freund, so wahr, und doch so wenig anwendbar. In Deinem ruhigen Dörfchen auf Deiner Anhöhe, wo Du über so viele Strohdächer sehen kannst, ist es wohl leichter, die Hofschikanen zu ertragen, über den Wust, von welchem ich Dir nur ein mattes Licht geben konnte, zu lachen. Komm aber hierher, und sey Demokrit, sey noch mehr, sey Philosoph, der alles mit Gelassenheit erträgt, und sich hinsetzt, um eine Abhandlung über die menschliche Natur zu schreiben. Bist Du so viel im Stande, nun so beuge ich willig meine Kniee vor Deiner Weisheit, vor Deiner Kunst Dich selbst zu beherrschen; oder ich verachte Dich vielmehr, weil Du zu wenig Muth hast, Dich einem rasenden Haufen entgegen zu stellen, die Menschheit, die Dir das Heiligste seyn sollte, zu schützen, auch zu rächen. Mein Vater Rotschild ist in diesem Punkte ganz meiner Meynung; er billigt meine Klagen, tadelt aber nur die zu schnellen Aufwallungen meines Blutes. Dieß solltest Du auch, Eduard, denn mit trockener Lehre von Ergebenheit, machst Du das Uebel wohl ärger, als es wirklich ist.

Man bereitet sich zu einem Feste, das zu Ende März am Geburtstage der Gräfin O** gegeben werden soll. Die Anstalten sind ganz der Erwartung gemäß, die ich mir aus dem ganzen Zusammenhange machte. So viele Müßiggänger werden gedungen, durch ihre Schöpfungskraft den Aufwand zu vergrößern, der manche Thräne, manches Ach, dem gedrückten Volke entpressen wird. Dieß der Aufschub, dieß die Unmöglichkeit! Leidiger Zwang dem Volke aufgelegt, mit seinem Herzblute einem Geschöpfe augenblickliche Vergnügungen zu verschaffen, das keine Eigenschaft besitzt, das Weh zu vergüten, welches über das Haupt des Fürsten zum höchsten Richterstuhle fliegt. Arme Brüder, — aber noch ärmerer Fürst, Täuschung sind die Leckerbissen, womit Dich alle Deine Creaturen füttern, Hohn die Liebe, die Du suchst und zu haben glaubst. Setze Dich in meine Lage, Eduard, und sage dann noch, ich soll nicht ermüden, wenn alle meine Arbeit, all mein rastloses Streben recht zu thun, fruchtlos ist, als wäre dieß all nur zur Kurzweil gethan. Der frohe Muth des Mannes von Gefühl muß schwinden, wenn er seine schönsten Aussichten auf solch eine elende Weise getrübt sieht. Ich habe so viel gute Menschen einer Schimäre aufgeopfert, und was hab' ich all davon? Feinde, Neider, um das bischen Zutrauen des Fürsten: sie nennen mich Günstling — Narren, Günstling mich? wie man mich doch zu einem Günstling machen kann, einen Menschen, der so wenig Verdienst zu einem Heuchler, so wenig Geschicklichkeit zu einem Schurken hat. Ich möchte doch einmal hinter den wahren Begriff kommen, welchen sich unser Adel von Größe schuf; ich glaube, sie haben im Grunde gar keinen: ein jeder stutzt sich sein Püppchen nach eigener Art auf, und giebt ihm eine Rolle nach seinem Bedürfniß, und doch läuft es im Grunde auf eins hinaus, auf Geringschätzung gegen Andere, die nicht Titel haben, Verachtung gegen jeden ehrlichen Mann, der nicht alles gut heißt, was ihre müßigen Köpfe ausbrüten. Einige Minderung dieser ausgearteten Sitten ist nicht zu hoffen; der Knabe lernt schon stolz auf seinen Namen seyn, wird mit nichts, als mit der Vorstellung gestraft, daß eine solche Handlung unwürdig eines Grafen, eines Stammherrn, eines Mannes von so vielen Tausenden sey. Du solltest das kleine Volk sehen, wie es sich bläht, wie geübt es in Schmähungen ist! Ueber die unsägliche Aufklärung, über die modische Erziehung, die den Menschen noch gebrechlicher macht, als er ohnedieß von seiner Entstehung ist! Wenn ich reden wollte, Eduard! wenn es etwas nützte, ich könnte einen eigenen Lehrstuhl errichten, und ich sagte gewiß (vielleicht mit weniger Scheingelehrsamkeit) nützlichere Dinge, mehr anwendbar für den künftigen Weltmenschen, als all die gezahlten Köpfe, die die Jugend mehr verderben, als bilden. Es wird in den öffentlichen Schulen über so vieles gelesen, manch guter Kopf dadurch auf ewig unbrauchbar gemacht, und die Wissenschaft zu leben bleibt eine Kunst, die durch eigene

Geschicklichkeit und Uebung erlernt werden soll. Jagt die Kerls zum Lande hinaus, die es nicht weiter bringen können, als Worte zu wiegen, und die Mißgeburten ihres Verstandes Jünglingen mitzutheilen, die vor diesen Schreckgespenstern fliehen, und — Hasenfüße bleiben.

(Die Fortsetzung folgt.)

III.

Fragmente.

1.

Fragmente einer Reise nach H**.

Kaufmannston.

Ich säumte nicht lange, meine Briefe abzugeben, die ich an ein paar Kaufleute mitgebracht hatte. Nachdem nach der schönen Sitte des Landes die Foderungen meines Magens schlecht und theuer befriedigt waren, eilte ich zu den Söhnen Merkurs. Ich hatte gerade den besten Augenblick gewählt, wo der erste, zu dem ich gieng, auf dem weichen Sopha hingestreckt, die Langeweile durch Tabakswirbel verscheuchte.

Freylich brachte ich den Mann aus seiner weichen angenehmen Lage, der, um die Höflich=

keit nicht zu beleidigen, nicht umhin konnte, mir drey Schritte entgegen zu gehen.

Aber da er sah, daß ich keine Geldfoderung an ihn machte, und keiner andern Dienste als seiner Höflichkeit bedurfte, so gieng sein Gesicht, heiter wie die Sonnenscheibe, nach und nach aus der Wolke des Trübsinns hervor, mit der es die Furcht umzogen hatte. Der Mann hatte Holland und Frankreich durchreist, er kannte die Börse in Amsterdam, und den Zustand aller Handlungshäuser von Bedeutung in beiden Ländern. Alle seine Begriffe ketteten sich an die Handlung. Redlichkeit und Treue hießen bey ihm Credit und Geld. Wissenschaft hieß bey ihm — Rechnen. Sein Wort halten, — bezahlen. Unter dem Segen Gottes dachte er sich die Goldküste von Guinea, und das Glück war in seinen Augen ein Ostindienfahrer, der mit einer reichen Ladung einen europäischen Hafen begrüßt.

Ich hatte mit ihm jetzt ungefähr eine halbe Stunde in der Südsee gekreuzt, und alle

Inseln besucht, die Cook und Magellan entdeckten, als ich des Matrosenlebens müde ward, und meinen Abschied nahm. Mich hatte dieser Besuch nicht sehr unterhalten, und ich formte alle meine Begriffe von den Söhnen der goldgierigen Sekte nach dem Originale, das ich so eben verließ. Desto angenehmer ward ich in meiner Erwartung getäuscht, da ich bey meinem zweyten Besuche einen jungen Mann fand, der Kenntnisse mit Geschmack und Beurtheilungskraft verband. Sein Geist hatte gleich der Biene, auf seinen Reisen, aus jeder Bluhme, die ihm Erfahrung oder Wissenschaft darbot, Honig gesammelt und ihn dem Herzen zugetragen, das seine Gefühle mit den Begriffen der Vernunft veredelte. Nachdem die Etikette eine Viertelstunde lang Wort an Wort gereiht hatte, so formten nach und nach Gefühl und Vernunft den leeren Schall der Lippe zum Dollmetscher unserer Herzen, und ein Druck der Hand sagte uns Beiden, daß wir uns verständen. „Sie müssen in unsern Zirkeln umherschwärmen, um den Ton der handelnden Welt kennen zu lernen," sprach er, als er meine Absicht entdeckte, meine Bekanntschaften zu erweitern. „Un„sere alten Kaufleute," fuhr er fort, „gleichen „nun freylich alle einem aufgeschlagenen „Blatte ihres Handlungsbuches, auf dem „sich Gewinn oder Verlust mit gewissenhafter „Redlichkeit malt. Die Kaufmannsfrau ist „stolz auf ihr Geld und ihre Juwelen. Das „Töchterchen wächst an der Seite der Mut„ter, wie die Pflanze im Schatten der Eiche „auf, und lernt früh von ihr den Hang zur „Verschwendung, und den Maaßstab wah„rer Größe an den Goldkisten ihres Vaters „kennen. Doch — wär es unbillig, sie „alle in Eine Classe zu werfen. Es giebt „Mädchen von gebildetem Geiste und Her„zen; manche glühende Wange, manches „schmachtende Auge, von denen der Blick, der „frey wie der Schmetterling zu allen Blu„men flattert, mit versengten Flügeln zurück„kehrt. Kurz, Raphael und Hogarth kön„nen in unsern Zirkeln Copien zu ihren Mei-

„sterstücken sammeln. Es kömmt blos auf
„Sie an, sich noch heute von allem zu überzeu-
„gen, denn unsere Abende sind alle der Gesel-
„ligkeit gewidmet."

Ich nahm seinen Vorschlag mit Freuden
an: Der Nachmittag floh unbemerkt vorüber, und die Stunde der Geselligkeit schlug.

Es war einer der ansehnlichsten Kaufleute,
in dessen Zimmern sich heute die schöne Welt
lagerte, um den unfreundlichen Herbstabend
zu tödten. Die Versammlung war zahlreich.
Ich hatte wenigstens in acht Zimmern meine
Versicherungen von Ehre und Vergnügen zu
wiederholen, und erst als ich alle Zauberkün-
ste der Formalität verschwendet hatte, bekam
mein Auge einige Minuten Frist, die bunten
Reihen, die ich mit gesenktem Haupte durch-
wandelte, näher zu betrachten. Die Männer hatten sich zum Theil an Spieltische ge-
lagert, oder sie bildeten ihre eigenen Zirkel.
Paarweise und einzeln in ein Fenster oder
in eine Ecke gelehnt, wiegten sich Hoffnung
und

und Furcht auf den Runzeln ihrer Stirne. In der Mine eines jeden malte sich der Zustand des Landes, das ihn gebar, oder in dem auf Schiffe geladen, oder auf Frachtwagen gepackt, sein Wohl und Weh den Wogen und den Winden, oder dem Zufalle preisgegeben war. Ein kalter, seelenloser Blick, und zwey volle, ausgestopfte Hände, die mit Mühe in einander geschlungen, auf dem aufgeschwemmten Vorgebirge des Körpers ruhten, gehörten einem Holländer, der in phlegmatischer Ruhe sich in eine Ecke lehnte. Seine Seele klebte wie der Schmuz an Golde. Jede Furche, die das Alter auf seine Wangen gegraben hatte, war ein Canal, in dem der Eigennutz oder der Geiz die Segel seiner Hoffnung spannte. Sein erhabenster Gedanke war: Gewinn! Alles Andere um ihn her, rollte kalt an seinen Blicken, wie ein Wintermorgen, vorüber. Den Britten trieb sein unruhiger Geist mit raschen Schritten durch alle Zimmer, wie ein Kohlenschiff auf der Themse, das der Sturm wechselnd an beide Ufer schleudert. Der

Franzose hatte seinen Frohsinn verloren, und bedauerte sein Vaterland, das mit den Vorurtheilen der alten Regierung auch den Luxus verdammte. Mein Blick hing nicht lange an diesen einzelnen Gegenständen, und wandte sich zu den Gruppen des schönen Geschlechtes, die sich in schimmernder Mannichfaltigkeit verbreiteten.

Der Locken und der Federn Nacht,
Die manche helle Stirne trübte,
Verkündigte der Mode Macht;
Die des Erfinders Scharfsinn übte.
Im Dunkeln saß, und schwieg und harrte
Manch Püppchen, gleich dem Schmetterling,
Buntfärbig, wie die Musterkarte,
Die an des Vaters Laden hing.
Die Damen rauschten mit dem Schimmer
Des vierten Welttheils durch die Zimmer.
Zu ihrem Schmucke gab das Meer
Dem Wucher seine Perlen her.
Durch sie ward Peru's Gold vermindert,
An Duft durch sie der Frühling arm,
Für sie hatt' ein Corsarenschwarm
Golkonda's Gruben ausgeplündert,

Und stolz auf ihrer Schmeichler Zahl,
Und stolz auf die gebeugten Rücken,
Die sich vor jedem Affen bücken,
Den schimmernde Juwelen schmücken,
Durchrauschten sie den Flügelsaal.
Die Minderreichen aber schloßen
Sich an die Lombretische an,
Und machten unter'm Solo Gloßen,
Und überdachten, was ihr Mann,
Beym letzten Handel an Prozenten,
Was er am Kapital gewann,
Und was sie h i e r gewinnen könnten.
Kurz um, die ganze schöne Welt
Glich einer großen Krämerbude,
Worin der Trödler und der Jude
Sein Königreich verschloßen hält.
Doch manche Wange, die mit Roth
Die Schminke süßer Unschuld malte,
Ein Blick, der reine Freude stralte,
Und süßen Gruß und Liebe bot,
Erhob sich aus der bunten Menge,
Und mancher Stutzer seufzte da,
Der in dem rauschenden Gedränge

Bisher sein theures Selbst besah.
So schwamm das bunte Mancherley
Vor meinen Blicken rings vorbey.
Ich sah, wie sich die Thorheit blähte,
Die Stand und Rang und Gold erhöhte,
Und machte klüglich hier den Schluß:
Daß man in dieser Welt voll Thoren
Der Thorheit reich und hochgeboren,
In tiefer Armuth weichen muß.

Ich theilte meinem Begleiter die Bemerkung mit. „Mein Vater," sprach er lächelnd, „schloß gerade wie Sie, als er Kaufmann „ward, und mich fesselte der nämliche Ge„danke an die Handlung. Größe verliert in „unserm philosophischen Jahrhundert, ohne „Geld, allen Werth und Glanz. Ich ziehe „die spanischen Registerschiffe Britanniens „ganzer Marine vor, und dem Könige von „Spanien verzeihe Gott die Sünde, wenn er „anders denkt. Aber lassen Sie jetzt alle Be„merkungen im Stiche. Sie sind hier, um „die Feenwelt kennen zu lernen, die Sie um„schwärmt. Wir müssen den Damen, die „Hymen verband, die ersten Minuten unsrer

„Bekanntschaft opfern. Das ist hier Ton. „Einen Augenblick Winter im Gespräche der „Mütter mag Ihnen dann der Frühling auf „den Lippen der Töchter vergüten."

Wir rauschten also an den Spieltischen vorüber, wo, wie Lichtwer sagt,

die Menschen, die nicht denken, reden, fühlen,
ihr höchstes Gut, die Zeit, verspielen,

und standen bald vor einer Wintergruppe, die aber die Kunst mit allen Farben des Frühlings und die Pracht mit sinnreicher Verschwendung bekleidete. Mein Anzug war so einfach, und meine Kenntnisse im Gebiete der flüchtigen Göttin Mode so eingeschränkt, daß die Damen, zu meinem Glücke, bald Langeweile in meinem Umgange fanden, und sich nach und nach in die anstoßenden Zimmer verloren. Der Ton in L. ist frey. Ich drängte mich also durch die Menge zu ein paar Mädchen, die ich gleich bey meinem Eintritte mit meinen Blicken faßte, und die jetzt entfernt vom Gewühle in einer Ecke saßen. Ich dachte mich hier von der qualvollen Viertelstunde, die ich in der

Beschämung meiner Unwissenheit zugebracht hatte, wieder zu erholen, und ich hatte mich nicht geirrt.

Zwey gleichgestimmte, reine Seelen,
die jedes Wort, erst schön durch sie,
zur himmlischschönen Harmonie,
wie West und Rose sich vermählen;
zwey solche schöne Seelen binden,
wenn unsers Frühlings Stunden schwinden,
der Freude, flüchtig wie der West,
die immer regen Flügel fest;
so daß der müde Greis vergißt,
wenn seine Stunden düstrer schweben,
daß ihm der Tod zum bessern Leben
das Daseyn von der Lippe küßt.

Die Gesellschaft zerstreute sich für mich zu früh, und mich hielten die Reize der Mädchen zu sehr an den Platz gefesselt, den ich jetzt eingenommen hatte, als daß ich meine Bekanntschaften mehr erweitern konnte. Zum erstenmal auf meiner Reise riß mich die Nothwendigkeit schwer von der Seite eines Mädchens, an den Arm meines Begleiters, mit dem ich durch die monderhellte Straße nach Hause wankte.

„Nun? wie gefallen Ihnen unsre Zirkel?" hub er nach einer Pause an, und sah mir schalkhaft in's Auge.

„Gut und schlimm wie überall," murmelte ich in einem hingeworfenen Tone, der deutlich meine Zerstreuung verrieth. „Gute „Nacht, Freund," lachte mein Begleiter, „Sie sind heute zu zerstreut, um richtig ur„theilen zu können. Aber ein Wiegenlied„chen für diese Nacht will ich Ihnen noch sin„gen, ehe wir scheiden." Er sang:

Gott Amor ist ein Schmetterling,
so lose wie der West,
der buhlt und küßt, und jedes Ding
voll Liebesgluht verläßt;
allein die Herzen, die er fing,
die hält er ewig fest.

und wir schieden. Ich legte mich bald zu Bette. Aber der Schmetterling wehte mit feinen Flügeln allen Schlaf von meinen Augenliedern, und ich dachte den Gedanken: die armen Herzen, die er fing, die hält er ewig fest, eine schlaflose Nacht durch.

II.
Wahre Begebenheiten.

2.

Geschichte
eines sonderbaren Mannes,
aus den Zeiten Friedrich Wilhelms I, Königs
von Preußen.

Wer wird daran zweifeln, daß oft ein kleiner Umstand die Ursache eines großen Glücks ist, und daß der Mann mit gesundem Menschenverstande und wenigen Kenntnissen, wenn er nur die Gelegenheit findet, sehr leicht zu hohen Ehrenstellen befördert werden kann?

Ein Beyspiel giebt uns ein gewisser Eckert, der in dem ersten Viertel dieses Jahrhunderts zu Dessau das Töpferhandwerk erlernte, und sich die Geschicklichkeit erwarb, gute Kamine zu verfertigen. Dieser Mann verband, als er noch jung war, und sich als einen geschickten Töpfergesellen in Dessau schon rühmlich bekannt gemacht hatte, eine außerordentliche Wißbegierde mit seiner Profession. Nur die letztere führte ihn nach Halle, der berühmtesten Universität Deutschlands zur Zeit Friedrich Wilhelms I. eines Monarchen, der bey allen seinen großen Eigenschaften, zwar keinen Anspruch auf tiefe Einsichten in die Litteratur machen konnte, der aber doch das Verdienst hatte, gelehrte Männer hochzuschätzen, und sie reichlich zu besolden.

Hier arbeitete Eckert als Töpfergeselle und erwarb sich bey Verfertigung eines Kamins die Aufmerksamkeit eines Professors, der es nicht unter seiner Würde hielt, sich eines jungen Handwerkers anzunehmen, der ihm den Drang, sich wissenschaftliche Kenntnisse zu erwerben, nicht verhehlte. Eckert hatte sich auf Schulen und durch eigene Bemühung mit den Grundwissenschaften bekannt gemacht, ohne die es ihm sehr schwer gefallen seyn würde, den Unterricht auf Universitäten zu benutzen. Das erste, warum er den Professor bat, der über die Kameralwissenschaften las, war die Erlaubniß, den Vorlesungen an der Thüre des Hörsaals zuhören zu dürfen, allein der Professor fand ein Vergnügen daran, ihm nicht allein den völligen Zutritt zu gewähren, sondern ihn auch mit anständiger Kleidung zu versehen, und als er ihn einigermaßen vorbereitet hatte, zu seinem Famulus anzunehmen.

Verschiedene Jahre verstrichen. Eckert erwarb sich ausgebreitete Kenntnisse im Kameralfache und einigen andern Wissenschaften, indem er besonders die Bibliothek seines Gönners benutzte, gerieth aber zuletzt in die Bekanntschaft ausschweifender Studenten, und beschloß seine litterarische Laufbahn damit, daß er sich zu einer Truppe wandelnder Schauspieler gesellete, mit denen er einen großen Theil von Obersachsen und Niedersachsen durchstrich.

Der Geschmack der damaligen Zeiten in Ansehung der deutschen Schauspielkunst, war noch so wenig geläutert, daß gesittete Menschen ein Aergerniß daran nehmen mußten. Was konnte man aber auch von zusammengelaufenem lüderlichen Gesindel erwarten, das die Sittenlosigkeit aufs höchste trieb, und nur der niedrigsten Volksklasse durch seine Schwänke und Possen einige Ergötzlichkeit verschaffte!

Es sey nun, daß Eckert zu viele Ehrliebe besaß, als daß er an dem Komödiantenleben hätte lange einen Gefallen finden sollen, oder daß Hunger und Noth ihn zwangen, dem unstäten und herumirrenden Leben zu entsagen, genug er faßte den Entschluß, wieder nach Dessau zurückzukehren, und das Töpferhandwerk ferner fortzutreiben. Seine wissenschaftlichen Kenntnisse, besonders aber einige Einsichten in die Mathematik, waren Ursache, daß er sich mehr als zuvor auf die Anfertigung guter Kamine legte, und dadurch dem damaligen regierenden Fürsten Leopold von Deſſau, der ſich als königl. preußiſcher Generalfeldmarſchall ſowohl durch ſeine kriegeriſchen Talente, als durch ſein rohes Weſen allgemein berühmt gemacht hat, von einer guten Seite bekannt wurde. Einige Kamine, die er für dieſen Fürſten, der gern Tabak rauchte, verfertigt hatte, erwarben ihm deſſen Beyfall ſo ſehr, daß er ſich ſeiner erinnerte, als ſich, bey ſeinem Aufenthalte zu Berlin, der König von Preußen, in ſeinem ſogenannten Tabakskollegium, gegen ihn beklagte, daß er in ſeinen Landen, noch nicht einen Menſchen gefunden habe, der ihm ein Kamin nach ſeinem Wunſche hätte verfertigen können. Der Fürſt verſicherte, daß er ihm einen Töpfer von Deſſau wolle kommen laſſen, der ihm alle Genugthuung leiſten werde.

Eckert kam alſo nach Berlin und verfertigte einige Kamine, womit der König ſehr zufrieden war. Oft ſah der Monarch ſelbſt ſeiner Arbeit zu. Da fügte es ſich, als er eines Tages neben ihm ſtand, daß einer von den Geheimenfinanzräthen, der in wichtigen Angelegenheiten, die des Königs Interesse betrafen, nach Preußen abgehen sollte, in eben diesem Zimmer vorgelassen wurde, um noch vor seiner Abreise den Willen des Monarchen zu vernehmen. Auf Geheiß desselben mußte der Geheimefinanzrath einen mündlichen Bericht von der Lage der Sachen, die seine erhaltenen Aufträge betrafen, erstatten und sein Gutachten beyfügen, wie das königliche Interesse am besten befördert werden könne. Der König pflichtete diesem Gutachten bey, und entließ den Rath mit dem Befehle, das Weitere darnach zu verfügen, und unverzüglich abzureisen.

Kaum hatte aber der Geheimerath das Zimmer verlassen, so wandte sich Eckert, der auf den Knieen an einem noch unvollendeten Kamine arbeitete, mit jener Dreustigkeit, die einen herumschweifenden Komödianten damaliger Zeiten charakterisirte, an den König. »So wie dieser Mann,« sagte er,

„Ew. Majestät die Sachen vorgestellt hat,
„wird Ihr höchstes Interesse am wenigsten be-
„fördert werden."

Höchstverwundert über die Freyheit, die sich ein Töpfergeselle nahm, indem er sich in Statsgeschäfte mischen, und die Meynungen eines erfahrnen Raths tadeln wollte, fragte ihn der Monarch, wie er sich erkühnen könne, über Sachen zu urtheilen, von denen er nicht das geringste verstehe?

Mit marktschreyerscher Beredsamkeit versicherte der ehemalige Theaterheld, daß er sich gründliche Kenntnisse vom Kameralwesen erworben habe, und daß er nur aus Armuth gezwungen gewesen sey, ein Handwerk zu treiben; das er in seiner Jugend erlernt habe. Ohne des Umstands zu gedenken, daß er in Obersachsen und Niedersachsen mit einer Truppe elender Schauspieler herumgezogen sey, kam er gleich zur Hauptsache, und wiederholte fast Wort für Wort alles, was der Geheimefinanzrath dem Monarchen gesagt hatte.

Noch nicht damit zufrieden, suchte er demselben die Lage der Sachen äußerst faßlich zu machen, zergliederte das Gutachten des Raths, und widerlegte es durch anscheinende kameralistische Gründe, fügte aber endlich sein eigenes hinzu, und bewies sehr deutlich, wie das königliche Interesse, nach gewissen Vorschlägen, die er in ein helles Licht setzte, aufs höchste befördert werden könne.

Auch der weiseste Landesfürst kann hintergangen werden, und Friedrich Wilhelm I. traute einem Manne, der für sein Interesse besorgt zu seyn schien; er machte zwar Einwürfe, allein Eckert wußte sie zu heben, und ihm alle Zweifel zu benehmen.

Dem Könige war an der Vermehrung seiner Einkünfte, zu der ihm der Kammacher einen vielleicht schon vor langer Zeit überdachten Plan machte, mehr gelegen, als an einem Kamine. Da er ohnehin schon damit versehen war, und ihm die neue Einrichtung in Preußen sehr am Herze lag, so

fand

fand er für gut, Eckert auf der Stelle zum Hofrath zu ernennen, und ihm anzubefehlen, sich unverzüglich zu einer Reise nach Preußen zu bereiten. Zugleich ergieng der Befehl an den Departementsminister, den neuen Hofrath so fort in Eid and Pflicht zu nehmen, und ihn dem nach Preußen abgehenden Geheimenfinanzrath als Concommissarius an die Seite zu setzen.

Herr Eckert, der schon gewohnt war, seine Rolle oft zu wechseln, studirte sich sehr bald in diejenige ein, die er nunmehr als Hofrath und Kameralist spielen sollte. Der König hatte ein Zutrauen in ihn gesetzt, und dieses diente ihm zur Schutzwehr gegen alle diejenigen, die ihm nicht wohlwollten.

Wäre dieser Mann, bey seinen natürlichen Anlagen und einiger Geschicklichkeit, die man ihm nicht absprechen konnte, zugleich vollkommen rechtschaffen gewesen, so würde er ohne Zweifel weniger Feinde gehabt haben; allein er gehörte unglücklicherweise zu der

Zahl der Plusmacher, die nur darauf bedacht sind, die Einkünfte des Landesherrn zu vermehren, ohne sich weiter darum zu bekümmern, ob die Unterthanen dadurch gedrückt werden oder nicht.

Herr Eckert war unaufhörlich bemüht, neue Titel zu neuen Auflagen zu erfinden. So entstanden auch Abgaben von Schornsteinen und Kaminen, und es konnte nicht fehlen, daß er nicht zuletzt allen wohlgesinnten Menschen und den sämmtlichen Unterthanen hätte verhaßt werden sollen. Man nannte ihn gemeiniglich spottweise den Kaminrath, unerachtet er nach wenigen Jahren wirklich durch den Titel eines Geheimenraths geehrt wurde.

Die Klagen der Unterthanen über einen Mann, der täglich ein neues Projekt erfand, um sie zu drücken, konnten dem Thronfolger nicht unbekannt bleiben, und kaum hatte Friedrich, nach dem Ableben seines Vaters, die Regierung angetreten, so erhielt auch der

Geheimerath Eckert seinen Abschied: Zu klug, als daß er hätte in einem fremden Lande bleiben sollen, wo er wenige, ja vielleicht gar keine Freunde hatte, beschloß er sich nach Hamburg, dem Zufluchtsorte so mancher deutscher Ebentheurer, zu begeben. Der Titel eines preußischen Geheimenraths verschaffte ihm den Eingang in viele der vornehmsten und reichsten Häuser, aber der kostbare Aufenthalt an diesem volkreichen Orte erschöpfte seine Baarschaften nach und nach so sehr, daß er von neuem auf Mittel sinnen mußte, sich fernerhin standesmäßig zu erhalten. Ein Ungefähr bot ihm eine erwünschte Gelegenheit dazu dar, aber er sahe sich gezwungen, eine neue Gestalt anzunehmen, unter der er vielleicht selbst während seines Komödiantenlebens nicht erschienen war.

Bey einem Gastmahle, zu dem man ihn nebst andern vornehmen Fremden eingeladen hatte, traf ihn das Loos, an der Seite einer reichen Gräfin zu sitzen, die ihm jedoch gänzlich, unbekannt war. Aengstliche, verstohlne Seufzer, welche diese Dame von Zeit zu Zeit ausstieß, und einige krampfartige Bewegungen, die ihrem Nachbar nicht verborgen blieben, bewogen ihn, sie zu fragen, ob sie sich etwa nicht wohlbefinde.

Eckert war schon über die Jahre weg, daß ein Frauenzimmer hätte Bedenken finden können, ihm ein Gebrechen ihres Körpers zu verheelen; die Gräfin gestand ihm also, daß sie mit einem, allem Anschein nach, unheilbaren Krebsschaden an der Brust behaftet sey; sie habe schon große Summen daran gewandt, um geheilt zu werden, und sie würde noch jetzt einen großen Theil ihres Vermögens hingeben, wenn sich ein Arzt fände, der sie von ihrem Uebel befreyen könne.

Vielleicht hatte sich Eckert einige oberflächige Kenntnisse von der Heilkunst erworben, aber hier war von einem Leibschaden die Rede, den die berühmtesten und gelehrtesten Wundärzte sich nicht zu heilen getrauet hatten, bey dem selbst der große Karpier zu Hamburg alle Hoffnung aufgab.

War Eckert als Töpfergeselle kühn genug gewesen, sich vor einem in der Staatswirthschaft wohlerfahrnen Monarchen für einen ausgelernten Kameralisten auszugeben, so war er es jetzt auch, als er, um wo möglich seine eigenen zerrütteten Finanzen wieder in Aufnahme zu bringen, der Gräfin versicherte, daß er die Arzeney- und Wundarzeneykunst aus dem Grunde verstehe, und sie durch diese seine Kunst mit Gottes Hilfe heilen wolle. Die Gräfin erlaubte ihm, sie zu besuchen, und fand sich durch den Trost, den der neue Arzt ihr gab, nicht wenig gestärkt.

Wie so manches hängt in der Welt bloß von einem klugen Benehmen ab! Das wußte Eckert, und war so sehr davon überzeugt, daß er, ohne weitern Zeitverlust, die mit allen möglichen Sortimenten versehenen Hamburger Buchhandlungen besuchte, und sich sowohl ältere als neuere Schriften, die von dem

leidigen Krebsschaden handeln, anschaffte.
Erst als er sich mit den mancherley Arten dieses Uebels, mit den mancherley Arten seiner Entstehung und den mancherley Arten der Heilung bekannt gemacht hatte, besuchte er die Gräfin als Arzt, besichtigte den Schaden, und wußte so deutlich und gelehrt darüber zu sprechen, daß er ihr ganzes Zutrauen dadurch um so mehr gewann, da ohne Zweifel keiner von den übrigen Aerzten sich die Zeit genommen hatte, ihr so ausführliche Auskunft zu geben. Schon von weitem bereitete er sie dazu, daß sie sich einer Operation werde unterwerfen müssen, einem Schnitt von der Hand eines geschickten Wundarzts. Anstatt daß der große Karpzer ihr die zweifelhaften Folgen einer solchen Operation nicht verhehlt hatte, behauptete Eckert, daß auch nicht die geringste Gefahr damit würde verbunden seyn.

So wurde die Gräfin von weitem vorbereitet, allein Eckert fand für gut, bloß als

Arzt zu erscheinen, und die Operation bloß zu dirigiren. Er würde ohne weitern Zeitverluſt den Herrn Karpzer aufgefodert haben, den Schnitt zu verrichten, allein er fand für beſſer, zuvor noch einen andern Weg einzuſchlagen; er wandte ſich an die mediciniſche Fakultät zweyer Univerſitäten, beſchrieb ihnen mit vieler Gelehrſamkeit den eigentlichen Zuſtand des Schadens, und fügte ſein Gutachten bey, auf welche Art der Schnitt werde geſchehen müſſen. Die zwey Reſponſa erfolgten, und bekräftigten die Meynung des angeblichen Arztes. Eckert verfügte ſich nunmehr mit vieler Zuverſichtlichkeit zum Herrn Karpzer, der ihn, nach allem, was er über den Schaden der Gräfin ſagte, und nach den eingeholten Reſponſen der zwey Univerſitäten, für einen einſichtvollen Mann hielt, ſich der Operation willig unterzog, und so glücklich war, die Gräfin dadurch von ihrer Krankheit zu heilen.

Auf dieſe Weiſe fand ſich der Geheimerath Eckert durch ein Wageſtück, welches ihm glückte, und durch die Freygebigkeit der dankbaren Gräfin, wieder in gute Umstände, und vor allem künftigen Mangel in Sicherheit gesetzt. Ohne Zweifel war dieses die letzte merkwürdige Rolle, die dieser sonderbare Mann spielte, ohne Zweifel beschloß er sein Leben zu Hamburg in der Stille, denn man hat seitdem nichts mehr von ihm gehört.

IV.

Miscellaneen.

1.

Welches ist das eigentliche Vaterland der jetzt so allgemein bekannten und so nützlichen Erdäpfel? und wenn und wie sind sie zu uns gekommen?

Die Frage: wenn sind die Erdäpfel in Deutschland bekannt worden? läßt sich nicht ganz bestimmt beantworten. Soviel ist gewiß, daß diese jetzt so allgemein beliebten und nutzbaren Erdgewächse vor ungefähr hundert Jahren in ganz Deutschland noch unbekannt waren. Vor funfzig bis sechzig Jahren waren sie allenfalls als eine Seltenheit in Lustgärten zu finden. Nach und nach wurde man mit ihrem großen Nutzen und mit ihrer Behandlung immer bekannter, und sie wurden also auch allgemeiner.

Ihr eigentliches Vaterland ist höchst wahrscheinlich Indien. Es wächst daselbst eine Frucht, Patatos oder Patatósen genannt, und diese indianischen Patatósen sind nichts anders als unsere Erdäpfel. Wenn man die Beschreibungen, welche Reisende von den indianischen Patatóswurzel machen, mit unsern Erdäpfeln vergleicht, so kann man nicht anders als sie für einerley Früchte halten. Die Patatósen sind runde und mehlichte Wurzeln, die man in Stücke schneidet, an Brodes statt und auf mancherley Art gebrauchet, ihre Pflanzung und Anbauung ist auch eben, wie die der Erdäpfel. Die Indianer zerschneiden sie in Würfel, dürren sie allmählig auf dem Ofen oder an der Sonne, machen sie zu Mehl und backen Brod daraus. Auch brauen sie einen guten Branntwein aus denselben. Alles dieses kann man, wie bekannt, auch mit den Erdäpfeln vornehmen. Von den Patatósen wird auch berichtet, daß sie sorgfältig vor der Fäulniß und vor dem Frost verwahret werden müssen; ein Umstand, der von ihrer vollkommenen Aehnlichkeit mit unsern Erdäpfeln zeugt.

So wie wir überhaupt der Handlung und Schifffahrt vielerley nützliche Entdeckungen und Vortheile zu verdanken haben, so sind auch durch sie diese für uns so nützlichen und gegenwärtig beynah unentbehrlichen Gewächse nach Europa und in unser Vaterland gekommen. Man glaubt, daß sie zuerst von den Holländern in die östreichischen Erblande gebracht worden sind: denn aus einigen alten Nachrichten ist zu ersehen, daß man sie daselbst sehr bald mit gutem Erfolg angepflanzt habe.

Es sind durch die holl= und engelländischen Colonien und Plantagen in Ost= und Westindien den Europäern überhaupt viele Gewächse bekannt gemacht worden, die sie hernach theils zu ihrem Vergnügen, theils zu ihrem Nutzen meistens mit gutem Erfolg unter ihrem Himmelsstriche anpflanzten; wie es z. B. mit dem Tabak gieng. Vor hun=

bert und dreyßig bis vierzig Jahren wußte
man bey uns noch gar nichts vom Tabak,
bis ihn hernach die Holl- und Engländer,
die mit ihrem Handel die Pflanzung eigener
Colonien und Plantagen verbanden, mit her-
ausbrachten.

Die sogenannten Erdbirnen, die in manchen Gegenden, wiewohl mit Unrecht, auch
Erdäpfel genannt werden, scheinen das weib-
liche Geschlecht von den Erdäpfeln zu seyn,
und stammen wie diese aus Indien her, ob
man gleich weiß, daß sie in vielen Gegenden
Deutschlands länger als die Erdäpfel bekannt
sind.

2.

Etwas über ein unter den Menschen beynahe
allgemein herrschendes Vorurtheil.

Immer über die Zeiten klagen, stäts seine
Nebenmenschen auf der unvortheilhaften,

schwachen Seite betrachten; immer über ihre Fehler, über ihre Thorheiten und Laster seufzen, ist nie die Sache des vernünftigen Menschenfreundes. Er, der vernünftige Menschenfreund läßt sich bey seinen Urtheilen über Andere immer von Menschenliebe leiten, er übersieht das Gute und Rühmliche an seinen Mitmenschen nicht so leicht, entfernt von schwarzem Menschenhaß und Neid verkennt er es um so weniger, je mehr es seinem menschenfreundlichem Herze Vergnügen ist, das an Andern bemerkte Gute öffentlich zu loben. In der Ueberzeugung, daß es unter der weisen Leitung und Regierung der Vorsehung mit dem großen Vervollkommungsgeschäfte der Menschheit überhaupt nicht rückwärts gehen könne, sondern damit immer — wenn auch für das kurzsichtige Auge des Menschen nicht allemal bemerkbare — Fortschritte geschehen müssen, läßt er sich nicht so leicht vom Schein blenden, nicht so leicht vom allgemeinen Schreyen und Klagen betäuben — findet er auch da an seinen Mitmenschen Gutes, wo Andre nichts als Böses, nichts als Unvollkommenheiten und Thorheiten zu erblicken wähnen.

Menschenfreund — vernünftiger, wirklicher Menschenfreund zu seyn, war von jeher mein Bestreben. Mehr zufrieden als unzufrieden mit meinen Mitmenschen, ist es von mir weit entfernt, mit einer gehäßigen Schadenfreude ihre Unvollkommenheiten aufzusuchen, und mich darüber zu beschweren. Allein man erblickt doch leider auch mit einem nur halb offenen Auge in der lieben Menschenwelt noch immer der Vorurtheile, der auffallendsten, unerträglichsten Thorheiten so viel, daß es immer oft bey den menschenfreundlichsten Gesinnungen die großmüthigste Anstrengung kostet, sich vor Menschenhaß — vor einer gänzlichen Unzufriedenheit mit der Menschenwelt zu bewahren.

Ich will hier eines der vorzüglichsten, noch immer unter den Menschen beynahe allgemein herrschenden Vorurtheils Erwähnung thun. Vielleicht gelingt es mir, hier und da einen meiner Leser, der etwa noch damit angesteckt seyn sollte, darauf aufmerksam zu machen, und ihn davon zu befreyen.

Eines der vorzüglichsten, aber auch der unbilligsten Vorurtheile, welches der allergrößte Theil der Menschen hegt, ist der Wahn: **als ob reich seyn eine Ehre, hingegen arm seyn eine Schande sey.** — Es ist beynahe unglaublich, wie ausgebreitet dieser Wahn unter den Menschen herrscht, und welchen traurigen Einfluß er auf die Urtheile der Menschen, auf ihr Verhalten gegen einander, auf ihr Wohl und Weh hat. Dieses Vorurtheil erzeugt ganz natürlich bey den Reichen selbst Stolz, Uebermuth, Eigenliebe, Selbstgefälligkeit, Verachtung und Geringschätzung Anderer, Hartherzigkeit, Menschenhaß — wiegt sie in den Wahn ein, als ob sie in ihrem Reichthume selbst schon rühmliche Verdienste genug besäßen, und sich also nicht erst auf den Weg des Fleißes und der Tugend andere zu erwerben brauchten, es vermindert, in den Augen der Menschen den Werth wahrer Verdienste, macht die Menschen gegen diese gleichgültiger, und vermehrt die so schon zu starke Sehnsucht der Menschen nach Reichthum und Schätzen ungemein. Es macht Arme mit ihrer Armuth unzufriedner — macht ihnen ihren so schon etwas unangenehmen, und nicht selten traurigen Zustand, noch unangenehmer und trauriger — es schreckt die Menschen zurück, sich auf dem freylich mühevollen aber rechten Wege Verdienste und also auch Ehre und Ruhm zu verschaffen; es reizt die Menschen, zu unerlaubten schändlichen Mitteln ihre Zuflucht zu nehmen, um der so entehrenden Armuth zu entgehen, und sich zum Besitz des in den Augen der Welt so ehrenvollen Reichthums zu verhelfen — es reizt sie zur Windbeuteley, zum Großthun, zu dem verderblichen Staatmachen, zur Verschwendung, macht, daß sie immer äußerlich reicher scheinen wollen, als sie wirklich sind, und sich also durch einen ihrer Einnahme nicht

ent-

entsprechenden Aufgang selbst ruiniren — kurz dieses Vorurtheil hat für die Menschenwelt die schädlichsten Folgen, und ist in der That ganz wider alle Vernunft und Menschenliebe.

Man braucht nicht lange über das Menschenleben, über die Beschaffenheit und Absicht desselben nachgedacht zu haben, um einzusehen, daß es unmöglich lauter reiche Leute in der Welt geben kann. Hätten alle Menschen Ueberfluß an irdischen Gütern, so gäbe es eigentlich gar keine reichen Leute: denn der Begriff reich setzt allemal Armuth zum voraus; man kann blos von Einigen im Verhältniß gegen Andere sagen, daß sie reich sind, d. h. daß sie mehr Geld und Gut besitzen, als diese. Der Begriff Regent setzt Unterthanen zum voraus — so wenig wir alle Regenten seyn können, so wenig können wir alle reich seyn; wo Regenten sind, da müssen Unterthanen seyn, und wo Reiche sind, da müssen Arme seyn.

Läßt es aber die Beschaffenheit der Menschenwelt nicht anders zu, als daß es Arme und Reiche geben muß, und daß also nicht Jeder reich seyn kann, so muß schon eine solche Nothwendigkeit in den Augen jedes Vernünftigen den Armen vor Verachtung und Geringschätzung schützen; aber auch den Reichen von übermächtigem Stolz abhalten. Eine Einrichtung, die die Beschaffenheit der Menschenwelt unumgänglich nöthig macht, kann an und für sich selbst weder dem Einen Schande, noch dem Andern Ehre bringen, und das um so weniger, je unschuldiger der Eine und der Andere zu dem, vermöge dieser nothwendigen Einrichtung ihm gewordenen scheinbaren Vortheil oder Nachtheil und Verlust kommt.

Es ist ferner an und für sich selbst gar keine Kunst, reich zu seyn, sich vor Andern in einer vortheilhaften angenehmen Lage zu befinden, wo man sich mehr Lust und Vergnügen, mehr angenehme Tage machen kann, als Andere. Es gehört weder Verstand noch Geschicklichkeit dazu. Auch der unfähigste, unwissendste, dummste Mensch kann dieses. Allein nicht Jeder kann sich in eine armsälige, dürftige Lage schicken, nicht Jeder ruhig und zufrieden in derselben leben, nicht Jeder sich als ein Armer in der Welt durch Fleiß und Geschicklichkeit forthelfen. — Es ist also in vielem Betrachte weit schwerer, arm zu seyn, als Alles in Ueberfluß zu haben, und sich in einem beständigen Wohlleben zu befinden; und der brave, rechtschaffene Arme hat allemal in seiner Armuth mehr wahre Ehre, als der Reiche in seinem Reichthum. Wenn mich hungert und durstet, und ich darf nur das Maul öffnen, um es mit den besten Speisen und Getränken zu füllen, so ist dieß zwar ein Vortheil, den ich vor vielen Andern zum voraus habe; allein thöricht wäre es, diesen Vortheil für eine besondere Ehre zu halten, und Andere, die sich eine weit schlechtere Nahrung erst durch Fleiß und Geschicklichkeit erwerben müssen, deswegen zu berachten; denn das bloße Maul aufzumachen, ist doch weit leichter., als sich Fleiß und Geschicklichkeit eigen machen, sich mäßigen, seine Bedürfnisse einschränken, sich großmüthig verleugnen können.

Ich betrachte hier nur blos den Reichthum und die Armuth an und für sich selbst, und rede nicht von einzelnen Fällen. Es giebt allerdings Fälle, wo das Reichseyn etwas Rühmliches, und das Armseyn etwas Verächtliches haben kann. Wenn sich Jemand durch anhaltenden Fleiß und Geschicklichkeit, durch Kunst und Wissenschaften auf eine erlaubte Weise Reichthum erwirbt, so hat dieser, auf solche Art erworbene Reichthum in der That etwas Rühmliches für ihn; und wenn sich ein reicher Verschwender an den Bettelstab bringt, oder ein schon Dürftiger durch Faulheit und Lüderlichkeit immer dürftig bleibt, so ist diese Dürftigkeit allerdings Schande für Beide. Allein auch hier liegt das Rühmliche nicht sowohl im Reichthum, und die Schande nicht sowohl in der Armuth, sondern beide, Ehre und Schande beruhen blos auf Nebenumständen.

Stax erbt von seinem Vater viel Geld und Gut. Er hat nun nicht nöthig, sich durch schwere Arbeiten zu ermüden, nicht nöthig, sich mit Sorgen und Kummer zu quälen, er kann sich einen guten Tag machen, kann schöne Kleider tragen, gut essen und trinken, er kann sich auf vielerley Weise vergnügen und ergötzen, hat Alles im Ueberfluß — Stax befindet sich also in Ansehung seines körperlichen Lebens, wirklich in einer guten, angenehmen Lage vor vielen Menschen; aber mehr als Thorheit wäre es, wenn Stax in dieser seiner guten Lage eine besondere Ehre vor Andern suchte, und es gleichsam den Andern zur Schande anrechnete, daß sie nicht so gut daran sind, nicht so schöne Kleider tragen, nicht so gut essen und trinken können als er.

Hinz hat sein Daseyn durch arme Aeltern erhalten. Seine ganze Erbschaft von seinen Aeltern besteht in einem gesunden Körper. Nur mit Mühe erwirbt er sich durch seiner Hände Arbeit soviel, als er zur Erhaltung seines Lebens nothwendig braucht. Er kann sich wenig oder nichts zu gute thun, muß sich einschränken — kaum, daß es noch kümmerlich nothdürftig zureicht. Welcher mit Vernunft begabte Mensch wird es Hinzen zur Schande anrechnen, daß dieß Alles so ist, wird ihn deswegen verachten, weil ihn die Vorsehung in eine dürftige, kummervolle Lage versetzt hat? Gereicht es ihm nicht vielmehr zur wahren Ehre, wenn er sich bey dieser seiner Dürftigkeit zufrieden, geduldig, fleißig beträgt, und sich in seinen Zustand schickt? Handelt der Wanderer, der lauter angenehme und blumichte Wege vor sich hat, recht und vernünftig, wenn er einen Andern, der auf seinem rauhen, dornichten Pfade steile Felsen zu erklettern, und Hindernisse auf Hindernisse zu besiegen hat, deswegen verachtet und geringschätzt? Ist Armuth und Dürftigkeit nicht so schon sehr oft drückend und qualvoll genug? warum wollen wir sie durch eine unvernünftige und unverdiente Verachtung und Geringschätzung noch drückender und qualvoller machen?

Weg also mit diesem Vorurtheile, das weder mit der Vernunft, noch mit Menschenliebe bestehen kann, und das die Leiden in der Menschenwelt noch mehr vermehrt — manchen Seufzer expreßt, manche bittere Thränen verursacht. Vernünftige Menschen müssen es besser wissen, worin wahre Ehre und wahre Schande besteht, als daß sie sie in Dingen suchen sollten, worin sie nie zufrieden sind. Es kann für Unglückliche nichts Kränkenderes seyn, als sich von Glücklichen blos aus einem dummen Vorurtheil verachtet zu sehen. Durch nichts können sich aber auch glückliche Menschen mehr entehren — durch nichts sich ihres glücklichen Zustandes unwürdiger machen, als wenn sie andere weniger Glückliche verachten, und sich voll Uebermuth über sie erheben.

§ 4

V.
Sagen.

I.
St. Magdalena,
eine Sage aus dem zehnten Jahrhundert.

Im zehnten Jahrhundert, als sich Deutschland mit den Ansprüchen des Markgrafen Ekkard von Meißen auf den durch Otto des Dritten erledigten deutschen Kaiserthron beschäftigte, und blutige Unruhen in aller Landen veranlaßte, lebte in dem nahe bey Nordheim gelegenen reichen Magdalenenkloster eine arme Verwandtin des großen interessanten Mannes als geliebte Kostgängerin im Kreise gelehrter Nonnen, die ihr großes Talent anstaunten, und nichts unterließen, sie zu Annehmung des Schleyers der heiligen Magdalene zu bewegen, welches nicht der Wunsch ihrer vornehmen Pathe, der Gräfin von Schotheim, war, die das ansehnliche Kostgeld zahlte, um ihre Tauftochter Marie so vollkommen am Geiste zu bilden, als es die verschwenderische Natur an ihrem Aeußerlichen gethan hatte.

Die alte Gräfin, ganz dem Hange der hohen Matronen ihres Jahrhunderts zuwider, stimmte nicht für's Kloster, wo tugendhafte Freuden der Welt zu hoffen waren.

Sie hatte in langer fröhlicher Ehe gelebt, dachte noch mit Entzücken an den Frühling ihrer Liebe zurück, und wünschte ihrer Marie Tage, wie sie verlebt hatte. Dieses wußten die klugen Nonnen, und durften nicht laut ihre Wünsche nennen, aus Furcht, die Gräfin mögte Marien, und mit ihr das reiche Kostgeld einem andern Kloster zuwenden. Doch die Dame zählte ja schon Jahre des höchsten Alters, und nach ihrem Tode war Maria einzige Erbin.

War sie alsdann noch im Kloster, so konnte sie wählen.

Diesen Plan auszuführen, that die Schwesterschaft alles, Marieen die Regel St. Magdalenens reizend zu machen, und diese, durch den süßen Hang zur Stille und Andacht in die ruhigen Mauern gefesselt, bat ihre Pflegemutter so rührend, sie noch recht lange hier zu lassen, daß ihr die gute Dame nachgab, und sich selbst das Vergnügen ihres Umgangs und ihrer kindlichen Pflege entzog, um ihr Pflegekind am Quell nützlicher Kenntnisse schöpfen zu lassen.

Das Wohnschloß der Gräfin lag nur wenige Stunden vom Kloster, Mutter und Tochter sahen sich daher oft, und die Dame war bey ihrem Alter noch gesund, und so gut zu Fuß, daß sie zuweilen im hohen Sommer auf der kürzern Hälfte des Weges, welche eine Meyerey der Gräfin bezeichnete, mit der sie begleitenden Maria ausstieg, und den schönen Pfad durch den Wald zu Fuße machte.

Ein heitrer Morgen, dem die Harzvögel ihre Hymne sangen, ein lauer prachtvoller Mayabend öffnete dann oft das Herz der Wanderinnen zu innigen Gefühlen. Die junge Marie empfand Freude und Angst, Wonne und Schmerz, ohne die süßbangen Schauder zu verstehen, in die ihre Zukunft sich hüllte. Nur das fühlte sie gewiß, daß die Hoffnung dieser Zukunft himmelwärts stieg. Durch Morgenroth und Abendschein, durch Blüthenduft und Waldgesang, gieng nur der Weg zur schönern Scene jenseits.

Ein Blick nach dem himmlischen Osten, ein Seufzer nach dem, der dem Morgen das Thor öffnet, und das Sternenkleid der Nacht webt, war die Auflösung des Gefühls ihrer nur für göttliche Wünsche gestimmten Seele. Ihre Gefährtin nannte dieses in ihrer muntern Laune Ahnung der glücklichen Hausfrau, und erschöpfte sich ganz mit gutmüthiger Geschwätzigkeit von der nahen Hoffnung, ihren Vetter, Ritter Bruno von Göbhard, aus Böhmen zu sehen, der nun schon viele Jahre im Heere der Kaiser focht, und den sie nach den sichersten Nachrichten täglich erwarten durfte, um aus ihrer reichen mütterlichen Hand, als ihr armer Verwandter ein Weib nach ihrem Herzen zu empfangen; und der Dame schönste Erwartung schien erfüllt zu werden, wenn ihre liebe Marie dieses Weib seyn wollte.

Marie schwieg. Sie kannte Herrn Göbhard nicht, als aus der Beschreibung seiner redlichen Tante. Sie liebte keinen Mann, und hatte keinen Willen, als den Willen ihrer zärtlichen Mutter. Doch war ihr immer ängstlich um's Herz, wenn vom Ritter Göbhard die Rede war. Dieses und ihre gänzliche Gleichgültigkeit bey den Versicherungen seiner baldigen Ankunft, nannte sie offenherzig ihrer Freundin, und dieses Geständniß begleitete die treuherzige Frage: ob dieses vielleicht Ahnung der kommenden Liebe sey?

Die alte Dame lachte, und erzählte ihr manches Liebesgeschichtchen, das ihr auf dem langen Wege ihrer Erfahrung begegnet, welches sich mit noch kälterm Herze, als das Herz ihrer Marie jetzt gegen ihren Vetter, anfing, und sich im wärmsten Ehebette endigte.

In einer der traulichen Stunden, die durch Gespräch verkürzt wurden, that endlich Marie einmal die für eine junge Braut ziemlich späte frage: „Wie ist die Gestalt „des Mannes, den Ihr mir zum Gefährten „bestimmt?"

Nach der vielen Erfahrung, deren sich die Dame, wie aus ihrem Gespräche zu ersehen war, rühmte, hätte man denken sollen, daß sie diese Frage nichts weniger als überraschen könnte; denn was ist wohl einem Mädchen im ersten wie im achtzehnten

Jahrhunderte wichtiger, als eben die Frage: »Wie ist die Gestalt dessen, dem ich Liebe schwö-»ren soll«

Gleichwohl stutzte Frau Schotheim, und gestand ihr ohne Umschweif, daß sie Herrn Göbhard nur aus seinem Sendschreiben, und den glaubwürdigen Versicherungen seiner ihr diese Sendschreiben überbringenden Diener kenne.

Sein kleines Gut lag tief in Böhmen; der weite Weg und die damaligen unruhigen Zeiten hatten längst allen freundschaftlichen Umgang unterbrochen, so daß seine Verwandte erst, als ihr Eheherr ohne männliche Erben verschied, von Herrn Göbhard, und der Theilnahme an der Trauer seiner Base Kunde erhielt.

Freylich wollten Viele, die Herrn Göbhard genauer kannten, als seine truglose Base, versichern, das ansehnliche Erbe der Wittwe, welches sie nach dem Testamente ihres Gemahls vermachen konnte wem sie wollte, wäre die Ursache von Göbhards erneuerter Freundschaft.

Aber bey Frau Schotheim wurden seine ins schmeichelnde Gewand süßer Redekunst, die ihr Vetter am Wiener Hofe gelernt hatte, eingekleidete Entschuldigungen vollgültig gefunden. Der Name Mutter, mit welchem er verschwenderisch in jedem seiner Schreiben war, tönte zu schön für ein Herz voll Muttergefühl, als daß Herr Göbhard seinen Zweck verfehlen konnte.

Alles, was diesen geliebten Sohn betraf, war ihr wichtig; und sie wußte ihrer bestimmten Schwiegertochter seine schlanke Gestalt, seine schwarzen Locken, sein blitzendes Auge, sogar das kleine Maal an der hohen Stirn zu beschreiben. So weit kannte sie ihn aus dem Bilde, welches seine Diener von ihm entwarfen.

Weit gewisser wußte sie aus seinen Briefen selbst, daß er adelich, großmüthig, mitleidig und freundlich dachte.

Doch wir haben schon einen Fall gehabt, wo wir der guten Alten unmöglich richtige Menschenkenntniß zutrauen können, und wir glauben fast, daß Marie dasselbe Mißtrauen in ihre Pflegemutter setzte; wenigstens will keine ihrer Freundinnen im Nordheimer Kloster weniger Sehnsucht nach dem Schleyer und mehr Verlangen nach der Ankunft ihres Bräutigams seit diesem Gespräche bemerkt haben.

Jetzt konnten sie Herrn Göbhard in den nächsten Monaten erwarten, und ihre Pathe kündigte ihr an, sie in einigen Tagen aus dem Kloster zu holen, um mit ihr Herrn Göbhard auf der Veste Schotheim zu empfangen.

Marie hörte diesen Befehl nicht mit der bebenden Freude, womit sonst Mädchen die nahe Hochzeit nennen hören. Sie zitterte zwar auch, aber dieses Zittern gehörte weder der Freude noch der Sehnsucht, und die Befremdung, mit welcher die alte Dame ihre

ihre Bitte, noch einige Wochen statt Tagen im Kloster zubringen zu dürfen, hörte, beweist uns deutlich, daß sie das Herz ihrer Tochter nicht kannte.

Doch sie gab der Bitte der sanften Marie, mit welcher sich das ganze Kloster vereinigte, nach, und Marie konnte noch jede liebe Stelle besuchen, von manchem traulichen Spaziergange Abschied nehmen, und jeder Heiligen ihren Kummer empfehlen.

Besonders hielt sie sich beym Altar St. Magdalenens auf; diese war ihre Patronin, und ihre vertraute Freundin, Schwester Therese, wollte in diesen Tagen viele deutungsvolle Träume von ihr gehört haben, die sie des besondern Schutzes dieser Heiligen versicherten.

Auch fand oder wollte man eine ganz auffallende Aehnlichkeit zwischen dem schönen Bilde St. Magdalenens und unserer Marie finden. Oft rief die ehrwürdige Mutter, und

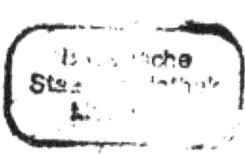

die fromme Schwesterschaft rief es ihr nach: Eben dieses lange gelbe schwergelockte Haar — eben die hinreißende Schwermuth — eben das große blaue Auge von langen Wimpern beschattet — ganz die runden Aerme und der schlanke Wuchs! — wenn Marie am Altare ihrer Heiligen kniete, oder, wie sie, welches das fromme Mädchen oft that, den Todtenkopf umarmte, welcher auf ihrem Betpulte zur Tilgung der Eitelkeit lag, die der gegenüber hängende Spiegel erwecken konnte.

Die Abtissin nannte gegen Frau Schotheim dieses Alles göttlichen Beruf zum Kloster, aber die alte Dame konnte sich von dem weltsüßen Gedanken, durch sie Herrn Göbhards Kinder als Enkel auf ihrem Schoose zu küssen, nicht losreißen, und hörte dergleichen Gespräche eben so ungern, wie den Namen Magdalene, womit man so oft Marien beehrte, daß sie sich selbst mit ihm gern schrieb und nannte, nur gegen ihre Mutter nicht.

Die neue Magdalene erhielt die Erlaubniß von der Oberin des Klosters, eine der letzten Nächte, die sie in dieser heiligen Stille verleben durfte, in St. Magdalenens Kapelle zu durchwachen. Die fromme Beterin machte sich durch Beichte und Fasten geschickt zu der merkwürdigen Nacht; durch ihre Spende, welche aus den kleinen Geschenken ihrer Pathe floß, flammte das hohe Gewölbe von weißen Wachskerzen. Die schönsten Bluhmen schlangen sich als Kränze und Guirlanden, von Mariens Hand künstlich mit sanftem Farbenverein gebunden, um die Säulen des Altars, und köstlicher Weihrauch trug ihr Gebet zum Throne der Heiligen, deren Bild den Altar schmückte.

(Die Fortsetzung folgt.)

IV.
Miscellaneen.

3.
Die verbesserten Handwerksgebräuche.
Ein nachahmenswürdiges Beyspiel für alle Professionisten.

Der Mensch lebt nur einmal auf der Erde, und dieses einmalige Leben vergeht so schnell, daß man immer da, wo es aufhört, kaum noch recht angefangen zu haben glaubt. Es sollte also der Mensch, da er nur einmal, und zwar auf eine so kurze Zeit, ein Bewohner der Erde ist, in der That Alles anwenden, um sich der mißvergnügten, der kummervollen Augenblicke so wenig, und hingegen der frohen so viel wie möglich zu machen. Man findet auch bey einer unpartheyischen Untersuchung weder in der Beschaffenheit der Erde, als dem Wohnplatze des Menschen, noch in der eigentlichen Bestimmung desselben, noch in der Art und Weise, wie ihn die Gottheit zu einem höhern Leben zu bilden und zu erziehen sucht, eine Hinderniß, die es ihm nothwendig unmöglich macht, dieses zu können. Ja, man findet vielmehr hierin das Gegentheil, wenn man es nur anders sehen will. Die schöne Erde, die der Mensch bewohnt, die erhabene Bestimmung, die er hat, und die Mittel und Wege, auf welchen die Vorsehung denselben zur Erreichung dieser großen Bestimmung zu bringen sucht — alles das, sage ich, ist von der Art, daß es dem Menschen an nichts weniger als an frohen und glücklichen Augenblicken mangeln könnte und sollte. Und doch fehlt es ihm leider an nichts mehr als hieran. Wenn man sich in dieser Absicht unter seinen Nebenmenschen umsieht, so ist es unglaublich, welch eine Menge Misvergnügter, Unzufriedener man gegen einen Frohen und wirklich Glücklichen findet. Ich glaube es nicht zu übertreiben, wenn ich behaupte, daß unter den tausend

Millionen Menschen, die zu gleicher Zeit auf der Erde leben, bey weitem keine halbe Million ist, deren Leben ein glückliches genannt werden kann. Es ist dieß allerdings eine traurige Erfahrung, noch trauriger aber ist es, wenn man bey der Untersuchung der Ursache hievon wahrnimmt, daß es immer die Menschen selbst sind.

(Der Schluß im nächsten Stück.)

Inhalt des ersten Hefts.

Vorerinnerung.   S. 1

I. Abhandlungen.
  1. Ueber das Glück eines Volkes, unter einem guten Regenten zu leben.   3

II. Wahre Begebenheiten.
  1. Leidens Papiere, herausgegeben von J. M. Frh. A—n.   16
  2. Geschichte eines sonderbaren Mannes, aus den Zeiten Friedrich Wilhelms I. Königs von Preußen.   57

III. Fragmente.
  1. Fragmente einer Reise nach H**. Kaufmannston   44

IV. Miscellaneen.
  1. Welches ist das eigentliche Vaterland der jetzt so allgemein bekannten und

so nützlichen Erdäpfel? und wenn und
wie sind sie zu uns gekommen? 73

2. Etwas über ein unter den Menschen
beynahe allgemein herrschendes Vorurtheil. 76

3. Die verbesserten Handwerksgebräuche.
Ein nachahmungswürdiges Beyspiel
für alle Profeßionisten. 100

V. Sagen.

1. St. Magdalena, eine Sage aus dem
zehnten Jahrhundert. 88

In der Verlagshandlung

sind zur Leipziger Jubilate-Messe 1793 folgende neue Bücher erschienen:

Albrechts (J. F. E.) Briefsteller um Briefe zu schreiben, nicht abschreiben zu lehren, 8. 12 gr. oder 45 kr.

Alles aus Eigennutz, Lustspiel in fünf Aufzügen vom Schauspieler Beck, 8. 10 gr. oder 38 kr.

Ambornberge (B. W.) Vorträge an seine Schüler. Lesebuch für Jünglinge und Wißbegierige, 8. 14 gr. oder 54 kr.

Exkorporationen, (neue) eine Zeitschrift, vom Verfasser der dreyerley Wirkungen, 1s Heft. 8. 8 gr. oder 30 kr.

Hiob, eine altjüdische Geschichte, dramatisch bearbeitet vom Verfasser des keuschen Josephs, 1r. Th. 8. 1 Rthlr. oder 1 fl. 30 kr.

Kleopatra, Königin von Aegypten, dramatisch bearbeitet von Albrecht, 1r Th. 8. 1 Rthlr. oder 1 fl 30 kr.

Königinnen, (vier) Philipp I. von Spanien Töchter. Geschichte aus dem sechzehnten Jahrhundert vom Verfasser der Lauretta Pisana, 3r und letzter Theil. 8. 10 gr. oder 38 kr.

Kropfer, (Tobias) der Junker mit dem Hunde, eine Geschichte, mit Kupf. 8. 1 Rthlr. oder 1 fl 30 kr.

Landbibliothek (neue) für Winterabende, 2r. Band, 8. 18 gr. oder 1 fl. 8 kr.

Lehr- und Schreibebuch (kurzes) für Landkinder. 8. 4 gr. oder 15 kr.

Liebe und Muth macht alles gut, ein Lustspiel in 3 Aufzügen. 8. 8 gr. oder 30 kr.

Mader (J.) über Begriff und Lehrart der Statistik. 8. 4 gr. oder 15 kr.

Meißner (A. G.) Apollo, eine Monatschrift, 1793. 1s bis 4s Stück mit Kupfern und Musik. 8. 1 Rthlr. 8 gr. oder 2 fl.

Wird fortgesetzt.

Meißners äsopische Fabeln für die Jugend nach verschiedenen Dichtern gesamlet und bearbeitet, neue Auflage. 8.   20 gr. oder 1 fl. 15 kr.

Petermännchen, (das) Geistergeschichte aus dem dreyzehnten Jahrhundert, von C. H. Spies, 2 Theile, zweite verbesserte Auflage, mit vier neuen Kupfern, 8.   1 Rthlr. 16 gr. oder 2 fl. 30 kr.

Rekrutirung, (die) eine Menschenscene in 1 Akt, von Schildbach, gr. 8.   3 gr. oder 12 kr.

Spies (C. H.) theatralische Werke, 1r u. 2r Theil, 8.   2 Rthle. oder 3 fl.

Stuart, (Marie) ein Trauerspiel in 5 Aufzügen, von C. H. Spies, neue ganz veränderte Auflage. 8.   8 gr. oder 30 kr.

Töchter, (die drey) ein Lustspiel von C. H. Spies, neue ganz veränderte Aufl. 8.   8 gr. oder 30 kr.

Ueber die Verachtung des Christenthums und der öffentlichen Abgaben, denen sächsischen Landständen gewidmet, 8.   12 gr. oder 45 kr.

Ueberall und Nirgends, (der alte) Geistergeschichte von C. H. Spies, drittes und viertes Jahrhundert, mit Kupf. 8.   1 Rthlr. 8 gr. oder 2 fl.

Verirrung ohne Laster, ein Schauspiel in 5 Aufz. von H. Beck, 8.   10 gr. oder 38 kr.

Verlegenheit, (die) eine Reisescene in 1 Akt. gr 8.   3 gr. oder 12 kr.

Verwiesenen, (die) eine russische Gesch. aus dem Anfang unsers Jahrhunderts. 8.   18 gr. oder 1 fl. 8. kr.

Zauberflöte, (die) von Mozart, im Klavierauszuge von Wenzel. Querfol.   5 Rthlr. oder 7 fl. 30 kr.

Zöglinge (die) der Natur, ein Roman, worin Menschen handeln. 1r Theil, mit 2 Kupfern. 8.   1 Rthlr. 8 gr. oder 2 fl.

www.ingramcontent.com/pod-product-compliance
Lightning Source LLC
Chambersburg PA
CBHW031406160426
43196CB00007B/918